Véronique Nègre

Tout commence par un jardin

Edilivre

Cet ouvrage a été composé par Edilivre

Immeuble Le Cargo, 157 boulevard Mac Donald – 75019 Paris
Tél. : 01 41 62 14 40 – Fax : 01 41 62 14 50
Mail : client@edilivre.com
www.edilivre.com

Imprimé en France
Texte intégral

Dépôt légal.

ISBN papier : 978-2-414-54506-3

Sommaire

Remerciements

Mes remerciements les plus chaleureux vont :

• A Isabelle Mercat-Maheu qui m'a accompagnée tout au long de mon écriture

• A Marie-Claude Maran-Scref pour son soutien amical, ses remarque avisées et bienveillantes

• A Guillaume Danel pour la couverture réalisée avec talent

• A Gaspard Nègre pour sa joyeuse coopération

• A tous ceux qui d'une manière ou d'une autre sont présents dans ces lignes, pour ces moments partagés que je garde précieusement

Exergue

« Les hommes se tiennent devant de l'indéterminé. Parfois de l'or, parfois du gris. Dans la lumière parfois, et souvent avec, derrière eux, une insondable obscurité. »

Rainer Maria RILKE

1
Les buis

L'odeur du buis. C'est un parfum sucré, acide aussi, qui s'amplifie avec l'arrivée du soir, et qui me poursuit sans cesse. Je le perçois avant tout autre, dès que je pénètre dans un jardin où, par bonheur, il a été planté. Je plonge alors immédiatement dans le premier jardin où j'ai pu m'aventurer toute seule, le jardin de mes grands-parents à Neuillé, sur les bords de Loire. C'est là que j'ai passé tous mes premiers étés.

Face à la maison, le long de la pelouse, une petite allée de cailloux beiges conduit aux buis : un labyrinthe de buis, certains taillés à hauteur d'homme, ou même d'enfant, d'autres laissés à l'état sauvage cachent le ciel. Une série de petites chambres vertes, certaines éclairées, d'autres sombres comme la nuit, parfumées, bruissantes d'insectes, sont là pour moi. J'y cours dès que j'arrive. J'y retourne chaque matin dès que la porte est ouverte. J'installe mes poupées, je leur aménage des cachettes, je leur construis des lits, des salles à manger.

Sous les branches, je range mes récoltes : les graines dont les formes et les couleurs m'enchantent, les cailloux, les bâtons lisses, les coquilles d'escargot… je fabrique des cages pour les limaces, les coccinelles, les hannetons. Je me couche par terre, les yeux dans les nuages au travers des feuilles balancées par la brise.

Le monde est là pour moi. Je suis là pour lui.

2
Les maisons

Le début de tout, pour moi, c'est la maison de mes grands-parents paternels. Une grande maison perpendiculaire à l'unique rue du village, face à un jardin dans lequel je me perdais avec bonheur. Le jardin se prolongeait à l'ouest par un bois de bambous, un étang, un potager immense et des champs qui, sans doute, allaient jusqu'à la Loire. J'y passais mes étés, très petite, avec mes frères et mes cousins. J'y ai fait l'apprentissage de la solitude au milieu des autres, ou loin des autres, dans les jeux que je m'inventais. Ma grand-mère assurait l'intendance, plats copieux pour toutes les générations : son mari d'abord, qui avait une jambe de bois et qui nous intimidait beaucoup. Pour mes oncles et tantes aussi : le curé missionnaire, les marins en permission, les filles sortant à peine de l'adolescence, et parfois, parfois seulement, nos parents qui nous laissaient et s'en retournaient. Ma grand-mère faisait la cuisine, mais surtout lisait des romans policiers et jouait du piano. Nous, les enfants, nous étions dehors, libres.

J'aimais aussi les plages du Nord, les dunes pas encore déminées à l'époque, le sable à l'infini d'un côté, sous le vent, et la mer de l'autre. J'y passais une partie de l'été, invitée par mes cousins dans une des grandes maisons construites en demi-cercle face à la digue. Tous les enfants, les petits dont je faisais partie sous la responsabilité des plus grands, appartenaient à des bandes rivales qui, dès le matin, reprenaient le combat de la veille. Le jeu qui, rapidement, n'en était plus un, durait toutes les vacances.

La vie normale, celle du temps de l'école, se passait dans un village du Val d'Oise – de la Seine et Oise à l'époque. Mes nombreux frères et sœurs, mes parents, ma grand-mère maternelle, envahissions tout l'espace d'une grande maison. Le point central, et névralgique, était l'escalier. On le dévalait sans arrêt, jamais sans crier. Ma mère aimait deux choses : coudre et jardiner. Cela tenait les enfants éloignés : elle en avait trop. Mon père aimait surtout son cheval, qui vivait aussi chez nous. Il avait organisé un chantier familial pour aménager un garage en écurie. Il avait un vrai talent de meneur d'équipe, hérité de toutes ses années de scoutisme.

Quand j'ai eu l'âge, j'ai fui cette maison, soulagée de ses cris, de son poids, en y revenant tout le temps pourtant. Et dès que j'ai pu, j'ai acheté une maison, pour moi. Elle est modeste, son jardin est petit, mais on voit la mer de la plus haute fenêtre, il n'y a que quelques champs qui la séparent du bord de la falaise. C'est là que je me retrouve. C'est là que les petits que l'on me confie puisent leur bonheur, et qu'ils me rendent le mien que parfois je crois avoir perdu.

3
Ils ont habité mon enfance

Ils arrivent dans le noir de ma chambre, les uns à la suite des autres, en ordre aléatoire, quand le sommeil, lui, ne vient pas.

Lucette, qui travaillait chez nous, pleurait en épluchant les pommes de terre, et s'essuyait le nez du revers de la main sans lâcher le couteau plein de terre, parce que les lettres d'Algérie n'arrivaient toujours pas.

Lucette faisait la vaisselle, et sans se retourner ni dire un mot, soulevait le bras pour libérer l'accès à la poche de sa blouse pleine de bonbons.

Jules, le père de mon père, dont la jambe avait sauté avec un pont sur la Loire en 1940, et dont les colères resteront toujours associées à ma terreur d'avoir vu une jambe rigide, armée d'une chaussette et d'une chaussure bien cirée, dépasser du rideau dans sa chambre.

Jules et ses fils, qui parlaient des affaires du monde attablés à finir les bouteilles pendant que les filles chantaient le répertoire scout en essuyant la vaisselle.

Claude, ma mère, qui ne levait pas les yeux de sa machine à coudre et criait aux enfants : « le goûter est dans le tiroir à pain ».

Thérèse, ma grand-mère maternelle, qui, silencieuse, restait assise dans la pénombre, dans le contre-jour de la fenêtre, et essuyait de temps à autre ses paupières humides avec le mouchoir blanc brodé à son initiale maintenu en boule dans le creux de sa main.

François, mon père, qui par le récit de ses aventures tenait en haleine toute la tablée, quand chacun, médusé, cherchait à faire la part du vrai.

François, vexé qu'on ne lui propose pas de passer au salon quand il venait me chercher chez mes amies, tournait sa casquette dans les mains sur le paillasson de l'entrée comme l'aurait fait le régisseur de la propriété.

Berthe, la mère de mon père, qui, dans la chaleur et l'immobilité des débuts d'après-midi d'été, se mettait au piano et prolongeait la torpeur des siestes obligatoires.

Berthe encore, qui s'affairait à petits pas pressés de la cuisine au jardin, de la cave au cellier, redoutant à chaque instant l'appel tyrannique de son mari.

Notre professeur de latin et de français, qui, sévère et rigide, restait inaccessible et dont le visage parfois semblait presque s'animer quand elle évoquait Virgile, Sénèque ou Montesquieu.

Désirée, qui faisait crisser ses ongles sur le tissu de la planche à repasser quand elle pliait le linge avant de l'écraser sous le poids du fer.

Je les revois les uns et les autres, et d'autres encore. Ils m'accompagnent.

4
La maison de Neuillé

Quand les cerises arrivaient sur la table, on savait qu'on allait bientôt partir. Il y avait eu quelques signes avant-coureurs : maman avait sorti des armoires les cartons des habits d'été. On avait tout essayé, elle avait rallongé les ourlets, et nous avait emmenés chez Monsieur Save acheter des nouvelles sandales. On savait donc que les vacances approchaient.

Un matin, on s'entassait dans la voiture, dans les cris et les disputes, chacun voulant la moins mauvaise place, en essayant d'échapper à l'énervement des parents. On pensait au but du voyage. On allait passer tout l'été dans une grande maison blanche, sur les bords de Loire, chez grand-père et grand-mère.

La route était longue. Enfin, la voiture s'arrêtait, violemment, sur l'allée de cailloux blancs. Chacun sortait comme il pouvait, chaviré de mal au cœur.

Entre la voiture et la maison, de chaque côté de l'allée, deux énormes tilleuls obscurcissaient le jour avant l'heure. On traversait les nuées de moustiques pour entrer par la cuisine : trois marches épaisses descendaient vers une porte basse. La cuisine était sombre, éclairée par deux petites fenêtres de part et d'autre de la porte, chacune surplombant un potager creusé à même la pierre, rempli d'objets disparates. La pièce me paraissait immense. Pourtant, on pouvait à peine s'y mouvoir tant elle était encombrée de meubles, de paniers, de tas de linge, d'instruments de jardin, de livres, de tout ce qui ne devrait pas avoir sa place dans une cuisine. On voyait à peine le mur du fond dans lequel s'ouvrait une porte donnant sur l'endroit interdit : un étroit couloir où, sous une lucarne aux vitres sales, s'alignaient un évier de pierre, une énorme cuisinière et un buffet encombré dont les portes ne fermaient plus. Dès les premiers pas, l'odeur nous saisissait : un mélange de terre, de soupe plusieurs fois recuite, de pain acide, de graisse savamment conservée pour le prochain repas. Tout l'été, on sentirait l'odeur : dans la maison, sur nos habits, dans nos draps. Elle faisait partie des vacances.

Grand-mère vivait là, dans la cuisine. A l'heure de la sieste, tout s'immobilisait dans le calme et la chaleur. Elle montait à l'étage, dans sa chambre juste au-dessus, et elle se mettait au piano. J'entendais les premières notes, et je partais dans le jardin. Je m'asseyais par terre et j'écoutais…

La cuisine donnait sur la salle à manger. Il ne se passait rien dans cette pièce, sauf les repas des grandes personnes. Pour nous, ce lieu ne servait qu'à être traversé. On arrivait alors dans un petit salon qu'on appelait l'aquarium : une grande porte-fenêtre donnant sur le jardin et deux longs murs couverts d'un papier peint dessiné de coraux, d'algues entremêlées et de coquillages. Le mur du fond était une grotte, une fausse grotte, avec une vasque dans laquelle nageaient quelques poissons. Mon grand-père vivait là, dans son grand fauteuil de cuir. Près de lui, une table basse octogonale fabriquée par mon père était couverte de livres et de journaux. Il y posait sa canne. Il restait là tout le jour. Il bougeait difficilement : il avait sauté avec un pont sur la Loire pendant la guerre et il avait perdu une jambe. Il bougeait difficilement, mais il criait facilement. On venait juste lui dire bonjour.

5
Premier jour d'école

Enfin est arrivé le premier jour où je suis allée à l'école. J'avais cinq ans et demi et ce n'était pas encore la grande école : avant, on allait à l'asile. C'était comme ça qu'on appelait la maternelle. Ma mère m'avait accompagnée, et j'avais profité avec fierté de ce temps seule avec elle. Le trajet m'a paru long. C'était loin de la maison. Il fallait monter en haut du village, passer près de la halle du marché, suivre jusqu'au bout la rue du notaire puis traverser en diagonale le champ de foire, une immense pelouse entourée d'une double rangée de tilleuls où, bien plus tard, je retrouverai les copains de mes frères sur les auto-tamponneuses.

Ce jour-là, ma mère m'avait mis le tablier qu'elle avait acheté pour l'occasion, en toile bleue, un bouquet de fleurs brodé sur l'épaule gauche. Je me sentais grande, j'étais émue. J'attendais ce jour depuis longtemps, avec impatience, et pourtant une appréhension m'empêchait de respirer facilement. Je courais, le poignet accroché à la main de ma mère, essayant de suivre son rythme.

La grille de l'asile était ouverte. Je l'avais souvent vue fermée, rêvant alors au mystère que j'imaginais derrière les murs. Une allée de pavés avec deux longues bandes de verdure de chaque côté conduisait à l'école elle-même.

C'était un bâtiment rectangulaire, une grande pièce avec pour seule entrée une épaisse double porte en bois. Sur le seuil, j'ai vu tous les enfants déjà là. Un immense tableau noir et le bureau de la maîtresse prenaient tout le mur du fond. De chaque côté de l'allée centrale, plein de petits bureaux en bois, bien rangés, où les enfants étaient assis deux par deux. Tout en haut des murs, des verrières laissaient voir le ciel et les branches des arbres. J'ai tout de suite adoré l'odeur : une odeur que je n'ai jamais retrouvée ailleurs, une odeur de crayons, de peinture, de craie, de feuilles sèches et de châtaignes, une odeur de tabliers propres et d'enfants bien peignés.

On m'a assise à une place, on m'a dit que ce serait la mienne. J'étais à côté d'un garçon. Un garçon gros, blond, avec une blouse foncée. Je me souviens qu'elle était bien repassée. Il s'appelait Gilles. Je l'ai regardé. Lui, ne m'a pas regardée. Il pleurait. Ses larmes coulaient sur ses joues rouges. Il avait des grosses chandelles sous les narines. Ça ne le gênait pas, il ne s'essuyait même pas. Je le regardais, fascinée. J'avais un peu pitié de lui. Mais surtout je ne comprenais pas son chagrin : quitter sa maman, ne pas avoir envie d'être là, vouloir rester à la maison, un garçon en plus ! Je me disais que moi, au contraire, j'étais si contente et si fière !

6
Les mots, les écrire

Dès que j'ai su parler j'ai eu la passion des mots. Je retenais ceux que j'entendais, le plus souvent sans en comprendre le sens. Je les répétais sans cesse, à mi-voix, comme des formules magiques.

Puis, à six ans, je suis allée à l'école. J'apprenais à écrire, et sitôt rentrée à la maison, je traçais les mots sur les vitres embuées de la porte de la cuisine. Derrière les mots, apparaissaient le jardin, les arbres, le ciel, la pluie, agrandis encore par les coulures en bas des lettres.

Et puis, j'écrivais partout, sur les carreaux le plus souvent, mais aussi sur la poussière du sol, sur le sable, la terre. Je ramassais des cailloux, ceux avec lesquels je pouvais tracer des lettres sur les murs du jardin ou du garage. C'était éphémère, toujours. Je ne me le disais pas, mais c'est ce que j'aimais.

Et puis, plus tard, j'écrivais dans mes cahiers, avec une grosse écriture violette qui s'est affinée depuis.

Et puis, mon immense bonheur, le jour où j'ai eu la meilleure note de la classe, et les félicitations du professeur, pour la rédaction que j'avais rendue. J'avais raconté un orage en montagne, un orage plein de bruits, de fracassements, de couleurs sombres, d'arbres qui souffrent, de rochers luisants, d'eaux violentes dans les pentes, de vent en colère. Je parlais de ma peur, de mon émerveillement. Je ne connaissais pourtant pas la montagne. Je n'y étais jamais allée. Je ne connaissais des orages que les pluies bienfaisantes d'été à la campagne, parfois chargées d'un peu de tonnerre et striées de quelques éclairs.

Une brèche s'ouvrait. Je comprenais soudain que tout ce bouillonnement qui m'habitait pourrait trouver sa voie.

Désormais, les mots tracés ne s'effacent plus. Je les cueille, je les recueille, je les écris. Ils surgissent, chargés d'images, d'instants, de visages… Et ils restent avec moi.

7
La musaraigne

Ce matin-là, je me suis levée à contrecœur, à la limite extrême d'un retard encore acceptable, et j'ai enfilé mes vêtements préparés la veille au pied de mon lit. J'ai dévalé l'escalier comme je le faisais toujours, glissant de tout mon poids sur la rampe que je coinçais sous mon bras. L'épreuve du café au lait obligatoire m'attendait, mais on ne me forcerait pas. Il n'y avait plus le temps, et on serait bien obligé de me laisser filer.

J'ai franchi la porte le manteau ouvert, l'écharpe dans une main, le cartable dans l'autre, et j'ai traversé la rue sans regarder pour rejoindre le trottoir d'en face. Je préférais ce trottoir-là parce qu'il longeait un vieux mur et que je pouvais courir sans m'arrêter jusqu'à l'école, et peut-être arriver avant la cloche.

La rue contournait un immense jardin caché derrière le mur. Je ne connaissais pas ce jardin, mais j'y pensais souvent et j'imaginais tous ses mystères dans mes moments de rêverie. Ce matin-là, j'étais surtout occupée par ma peur d'arriver en retard.

Vint le moment où le trottoir amorçait le tournant : la rue faisait un angle et le mur longeant le jardin passait au ras d'un énorme poirier. Le sol était jonché de petites poires trop mûres, déjà pourries. La veille, j'avais failli glisser sur les pavés à cet endroit, et je me suis mise à ralentir. J'ai vu par terre une bestiole rousse, morte, et à demi recouverte des feuilles tombées pendant la nuit. Je me suis arrêtée médusée, fascinée et dégoûtée tout à la fois. C'est alors que j'ai aperçu quelque chose bouger. J'ai poussé du pied le petit tas de feuilles pour mieux voir ce qui se cachait dessous et j'ai découvert une musaraigne minuscule, transie de peur, mais vivante.

Je n'ai pas hésité, je l'ai ramassée, et l'ai mise dans la poche de mon manteau. C'est à ce moment-là que j'ai vu le trou dans le mur, à peine visible, contre le tronc du poirier. Je me suis mise à respirer très vite. J'étais envahie d'une immense bouffée d'air, de joie, comme au matin de Noël, ou quand ma marraine venait à l'improviste avec un cadeau. Tout s'est évanoui en une seconde : le retard, l'école, la bête rousse morte. Le trou du mur s'ouvrait sur du jour, c'était plein de lumière verte. Je n'ai vu que des grandes herbes d'abord, puis tout au fond, très loin, un rideau de peupliers qui commençaient à se dénuder. J'ai eu l'idée de passer par le trou. C'était un peu petit. Je me suis acharnée sur une pierre, puis une autre, qui finirent par céder. Je suis alors entrée dans le jardin. J'ai enfoncé la main dans ma poche et j'ai caressé la musaraigne tremblante. Je me suis mise à lui raconter comment j'allais m'occuper d'elle, et quelle vie secrète on allait se construire toutes les deux.

8
Noël

L'attente de Noël devenait intense.

Tout commençait un peu avant l'heure du goûter, quand le jour baissait et qu'il fallait allumer les lampes. Jusque-là, les jours se succédaient, jours d'école, jours à la maison, dans une longue attente où les nuits précoces et le froid étaient de bon augure. On attendait les lumières, celles des rues, celles des magasins, et les paysages neigeux avec leurs petits animaux dans les vitrines, Noël approchait, mais il nous fallait rester calme.

Chez nous, rien ne se passait. La maison restait identique à elle-même, comme si elle n'était pas concernée. Et puis, le jour arrivait. Aucun signe pourtant, notre mère ne parlait de rien, pas de sapin, pas de lumières féeriques. Elle expédiait le dîner, très bâclé ce soir-là, juste pour nous. Les parents dîneraient plus tard. Il fallait se coucher plus tôt que d'habitude, et vite. Ne pas se relever, ne pas redescendre. Ce soir-là était spécial, personne ne se risquait au moindre débordement. Il fallait trouver le sommeil, et c'était difficile.

L'aube tant attendue finissait par arriver. Le premier d'entre nous réveillé rompait le silence de la maison, et tout l'étage, le nôtre, se mettait à vibrer. C'était l'heure. On enfilait l'escalier avec fracas jusqu'en bas, dans l'excitation la plus grande. On passait devant la chambre des parents, on savait qu'il était trop tôt, mais on ne pouvait plus attendre.

Tout en bas, la porte du salon était close, ce qui n'arrivait que le matin de Noël. Elle était fermée à clé. On le savait, mais on tournait quand même la poignée, pour le cas où…

Alors, on s'asseyait sur les marches. Un par marche. On occupait toute la première volée. Et on se mettait à chanter, ce qui nous passait par la tête, des cantiques de Noël aux chansons de l'école, histoire de réveiller les parents. Le bruit montait au rythme de l'excitation, jusqu'à ce que les parents finissent par se lever.

Ils descendaient enfin, notre père en premier, la clé du salon à la main. Il ouvrait la porte, on se poussait pour être le premier à voir, et l'on se taisait tous, éblouis, avant d'envahir la pièce dans les cris et la bousculade.

9
Neuillé et ses habitants

Sitôt la fin des classes, nous partions pour Neuillé, la maison de mes grands-parents. Nous y passions tout l'été. J'aimais le jardin immense, plutôt civilisé près de la maison, sauvage près du ruisseau, interdit tout au bout, là où le potager bordait l'étang. J'aimais la maison où l'on pouvait parfois se perdre, ne sachant plus comment descendre des étages, par quel escalier nous pourrions retrouver les pièces autorisées. J'aimais surtout les gens qui y vivaient. Quatre générations : grand-père, son salon fermé, son fauteuil de cuir près de la fausse grotte, ses livres et ses colères, mais aussi les histoires qu'il racontait, qui nous terrifiaient mais qu'on adorait. Grand-mère et sa cuisine, si sombre et si encombrée, sa chambre et le linge entassé par terre, le piano et ses partitions, toutes choses disparates que l'on percevait dès le seuil de la porte sans jamais la franchir. Nos parents, nos oncles et nos tantes aussi. Certains n'étaient pas encore vraiment adultes. Ils avaient des copains américains, dansaient le rock et partaient la nuit pêcher les écrevisses.

J'étais la plus âgée des enfants, je m'intéressais aux grands, plus que mes frères et sœurs et mes cousins, et je cherchais à comprendre ce que je percevais mais qu'on ne me disait pas. J'explorais la maison et ses mystères. Je m'arrêtais devant les portes ouvertes des chambres : celle de Marie avec des moulins sur les murs. Celle de Philippe avec des choses bizarres ramenées de ses voyages en Afrique.

Celle de Jules, avec une soutane sur un cintre accroché à la porte de l'armoire. Celle de Claire, tout en haut, avec une porte à carreaux, du soleil et une guitare. Nos parents avaient une chambre en bas, à cause des bébés.

Ils parlaient ensemble, on n'avait pas le droit d'être là. Tout d'un coup, ils s'énervaient et nous envoyaient dans le jardin. On cherchait une idée de jeu, on n'en trouvait pas toujours.

10
Sur le seuil

La voiture s'est enfin arrêtée sur l'allée de cailloux blancs, entre les deux énormes tilleuls qui rendent la nuit encore plus noire.

Chacun, chaviré de mal au cœur, a été mis au lit dans la maison obscure, et le silence est retombé comme un brouillard.

A l'aube, avant tout le monde, elle est descendue. Chaque année, le premier matin, tout recommence. Elle a laissé fondre pendant la nuit toutes les contraintes insupportables : l'école, les parents, et tout ce qu'il y a à faire.

Elle ouvre la porte, pieds nus sur le seuil. C'est le signal : le temps alors ne compte plus, l'espace sans fin du jardin s'ouvre devant elle. Eblouie par la lumière, le souffle se fait court. Les senteurs lui parviennent, les unes après les autres, toutes nouvelles et pourtant toutes familières, et avec elles, les images de l'été dernier.

Sans bouger, elle suit les yeux fermés les passages entre les buis, la pente caillouteuse bordée de haies sauvages qui débouche sur la vigne abandonnée. Elle sait : la lumière l'entraînera là-bas, vers les peupliers et les saules qui frissonnent sans cesse quand tout reste immobile au lever du jour. Et puis, plus loin, elle suivra les traces des mulots sur la terre rouge, jusqu'au bord du muret, près de l'ancien réservoir. Elle retrouvera le nid de verdure qu'elle s'est construit au fond des lauriers, près du grand pin. Elle échappera au monde, on ne la trouvera pas. La vie suspendue, la vraie, pourra reprendre. Ses compagnons, les petits personnages, les animaux imaginaires qu'elle cache au fond d'elle-même, qui dorment pendant tout le temps de l'école, reviendront enfin habiter sa solitude dans cette nature sauvage qu'elle aime tant.

Elle respire tout ce qui vient à elle. Le soleil perce dans les feuilles. Elle s'élance en courant dans l'herbe mouillée.

11
Jules

Je nous revois tous les deux dans les matinées ensoleillées. Il marchait à pas lents, en allers et retours réguliers sur la terrasse, le long des géraniums et des buis taillés. J'étais assise sur un carton bien lisse, accrochée aux cordons de sa soutane. Il me tirait derrière lui en lisant son bréviaire, je m'envolais dans mes rêves.

Il était le second d'une grande fratrie et s'était toujours violemment opposé à son père. Il voulait cultiver la terre, dans une famille où l'on n'avait d'autre choix que de rentrer aux filatures familiales. Il s'était entêté, ne travaillait pas à l'école, et subissait les colères et les châtiments permanents de son père qui l'avait chassé de la maison. Il habitait donc une chambre sans chauffage au dessus du porche, près des garages.

Mon père, son frère aîné, prenait son rôle très à cœur. Il tentait de pallier les carences de ses parents qui le révoltaient. Il lui apportait du pain, du fromage, des parts de dessert pour adoucir les privations de repas familial. Il l'avait entraîné dans sa troupe scout.

Ce fut pour lui la brèche qui s'ouvrait dans le mur de sa prison. L'amitié, la confiance, la reconnaissance de ses compagnons lui redonnait espoir. La foi chrétienne fut pour lui l'issue de son impasse, il trouvait peu à peu le goût de vivre.

Sans tenir compte des avis péremptoires de son père, supportant vaillamment une mise à distance proche du mépris, après quelques séjours dans les fermes des environs où il apprit le métier d'ouvrier agricole, il entra au séminaire. Ordonné prêtre, il partit aussitôt en Afrique travailler avec les villageois à développer l'élevage et la culture des champs.

Il revenait parfois l'été dans la maison des bords de Loire retrouver ses frères et sœurs, sa mère assez fière de lui, et son père qui préférait l'ignorer. Il faisait le bonheur des enfants, de moi en particulier. Il nous apprenait son répertoire de chansons, et nous captivait avec des histoires insensées.

12
L'escalier

Tous les ans, après la fin des classes, on reprenait possession de la maison de Neuillé. Chacun l'investissait à sa manière et retrouvait ses espaces favoris.

Je ne suivais pas les autres. Ce que j'aimais, c'était revenir dans tous les recoins explorés l'été d'avant et tenter d'y découvrir ce que je n'avais pas encore vu.

Ainsi en était-il ce matin-là de la grange, un de mes endroits préférés. J'y allais de temps à autre, chaque été, bien que ce me fût interdit. J'ai à peine hésité sur le seuil et je suis entrée, éblouie par le soleil violent de l'extérieur, discernant mal l'intérieur dans la pénombre. Peu à peu, mon regard s'est habitué. Rien ne semblait avoir bougé : les machines, les outils, les bouteilles plus ou moins remplies sur des étagères bricolées, les bidons, les sacs ouverts, ni pleins ni vides.

J'ai retrouvé l'odeur un peu acide des oignons qui sèchent, des pommes de terre en tas, le léger parfum de cidre des pommes sur les claies, et les senteurs de champignons des recoins humides. Je respirais plus large, j'aimais ce lieu.

Mes yeux se sont arrêtés sur le mur du fond : j'ai aperçu une porte close que je n'avais jamais remarquée. C'était une porte faite de larges planches de bois qui avaient dû être peintes. Elle n'avait plus de couleur et se fondait dans les pierres du mur. Les planches étaient cassées en haut comme en bas, mais la porte était bien fermée. En m'approchant, j'ai vu que la serrure ne semblait pas si vieille et j'ai tourné la poignée.

La porte s'est ouverte en grinçant. Elle donnait sur un escalier de bois à claire-voie, dans un faisceau de lumière où dansait la poussière. Les marches, retenues d'un côté par une balustrade à demi cassée, étaient accrochées dans la pierre du mur. Elles s'élevaient à une hauteur vertigineuse en suivant la paroi, un palier à chaque angle, et se perdaient sous le toit. L'escalier semblait branlant, des marches manquaient, mais je n'ai pu résister à l'appel de la lumière irisée qui venait d'en haut. J'ai commencé à grimper, enjambant le vide par endroits, m'accrochant comme je pouvais aux pierres du mur. Le bois grinçait et gémissait, je me disais que c'était de douleur, ou bien de reconnaissance de servir encore. Le bruit de mes pas faisait fuir les insectes, les araignées et les quelques oiseaux qui avaient élu refuge en ce lieu oublié. J'étais envahie d'émotion, d'une légère peur aussi, à mesure que j'avançais et que je me rapprochais de la soupente. J'ai enfin atteint le dernier palier, à la limite du vertige.

Une porte s'ouvrait sur une petite pièce carrée juste sous la charpente. Les murs étaient tapissés d'alvéoles servant autrefois de niches pour les colombes. Le soleil filtrait par quelques ouvertures tout en haut des murs. Un parfum de bois séché, de poussière, de tuiles chauffées au soleil remplissait l'air. Le silence avait arrêté le temps.

J'ai regardé le sol saisie d'émerveillement : la pièce entière était aménagée en maison de poupée. Des petits lits avaient été installés sur un tapis aux couleurs passées, de part et d'autre d'un berceau habillé d'organdi. De vieux chandails, des chaussettes, des napperons de dentelle, des mouchoirs brodés assuraient le confort douillet des poupées à l'heure du coucher. Un salon, tout en boîtes de chaussures et petites caisses recouvertes d'échantillons de tissu, posées sur de minuscules tapis attendait les invités. Le thé était préparé : toute une dînette de porcelaine était installée sur des tables miniatures recouvertes de napperons fleuris. Un parc pour les poupées avait été construit avec quelques morceaux de bois assemblés sur un bout de couverture. Des hochets, des petits jouets ayant beaucoup servi se trouvaient encore là. Un vieil anorak dans un coin servait de canapé à une multitude de poupées : des petites filles bien comme il faut, jolies robes fanées et cheveux autrefois bien tressés, chaussures et chaussettes blanches, des gamines à l'air fripon toutes chiffonnées, des jeunes filles à la mode en pantalon corsaire avec lunettes de soleil et appareil photo, des princesses en robe de bal, avec ou sans paillettes, chignons savants maintes fois défaits et refaits, une mariée avec un voile de tulle, une couronne de perles et un bouquet défraîchi. Quelques princes et aventuriers leur tenaient compagnie, Peter Pan enlaçait Blanche Neige, des grenouilles pas encore transformées attendaient leur tour, et une vilaine sorcière édentée s'accrochait à son balai.

Les araignées et la poussière avaient fait leur travail d'ensevelissement. Une fine pellicule recouvrait tout ce petit monde qui, tel le château de la Belle au Bois Dormant, attendait la magie de celui qui aurait l'idée de revenir.

Je me suis assise par terre, le dos contre le mur, dans la tiédeur et la douceur de la lumière. Je regardais tous ces petits êtres figés dans le temps. Depuis quand ?

J'ai senti monter en moi comme un voile sombre, épais. Il obscurcissait peu à peu la joie légère qui m'avait d'abord envahie. Une vague tristesse s'est emparée de moi, la nostalgie d'un monde disparu qui pourtant faisait signe, comme un appel.

13
Le clos

Gabrielle était née en 1930, quatrième d'une grande fratrie dont mon père était l'aîné. Première fille après trois garçons, elle appartenait à l'une de ces familles du Nord de la France qui possédaient toute la chaîne de l'industrie textile florissante à l'époque.

Lorsque la guerre est arrivée, ses parents se sont réfugiés dans une grande bâtisse en forme de château, au milieu des bois, sur les bords de Loire. C'est là sans doute que lui est venu ce goût de la liberté, à peine cadré par les inévitables contraintes des parents, chargés de maintenir un « rang social » malgré la situation.

Elle a épousé le meilleur ami de mon père. François-Régis était le fils unique d'un colonel de cavalerie à Saumur. Ils ont reçu en cadeau de mariage la propriété du colonel, qui s'était reclus dans une chambre au dernier étage. La maison ressemblait à un mini château tout en toitures, en perrons et en terrasses, au milieu d'un parc boisé en pente douce jusqu'au Thouêt, qui se jetait dans la Loire sous le pont tout proche.

J'y venais retrouver mes cousins pendant les vacances. Je passais le plus clair de mon temps seule, les autres enfants étant beaucoup plus jeunes que moi. Mais j'adorais cet endroit. Ma tante avait su en faire le temple de la liberté. Toutes les libertés. On avait le droit de tout faire, d'aller partout. Et je ne m'en privais pas. Les pièces de la maison, les meubles, les rideaux, les cadres sur les murs, les bibelots n'avaient pas dû bouger depuis l'origine. Tout était ouvert à tous, je veux dire à tous les habitants : les enfants évidemment, mais aussi les mascottes. Non seulement les chiens et les chats qui ont l'habitude de partager l'espace des hommes, mais aussi les oiseaux exotiques dans le grand salon qui leur servait de volière. Et aussi les tortues dans la salle de bain, les lapins en liberté dans l'office, et les deux chèvres qui se régalaient dans l'escalier. Bien sûr je ne mentionne pas les hirondelles qui revenaient chaque année dans les chambres mansardées, ni les araignées, et peut-être les souris, que personne ne chassait.

J'étais fascinée, bien qu'un peu troublée par les commentaires en aparté de ma mère, qui se désolait de voir les crottes durcies sur les tapis d'Orient et les commodes en marquèterie.

Je passais des heures dans le jardin. Sous le magnolia devant la maison, une table et des chaises rouillaient tranquillement. Derrière la haie de fusains plusieurs carcasses de voitures terminaient leurs jours. La serre avait encore quelques raisins, mais servait surtout d'entrepôt à de multiples affaires déposées par des amis, en attendant qu'on ait besoin d'elles. Un ruisseau artificiel au pied de la terrasse servait de laboratoire aux adultes : culture de plantes exotiques, élevage de grenouilles et surtout de crapauds pour leur chant la nuit. Les enfants s'y baignaient les jours de chaleur. Les pelouses n'étaient pas tondues, les vergers laissés à l'état sauvage. Tout était libre de pousser et d'avancer comme il voulait : les adultes, les enfants, les animaux, les arbres, les herbes, jusqu'aux objets qu'on laissait tranquilles, sans doute heureux de contempler tout ça.

14
Hardelot

Chaque été ils se retrouvaient.

Les familles arrivaient, presque le même jour, dans les quelques grandes maisons au bord de la plage, entourées de dunes, entre des jardins ensablés par le vent du nord.

Toute la journée, les enfants répartis en deux bandes rivales, étaient livrés à eux-mêmes. Les pieds nus sur leur vélo, ils sillonnaient ce qu'il restait de rues, de portions de digue, après les tempêtes de sable de l'hiver.

Chaque bande d'enfants, sous l'autorité d'un chef âgé d'à peine douze ou treize ans, avait installé son territoire, son camp, dans une zone de dunes interdite, pas encore déminée après la guerre. Les chefs étaient gonflés de courage, les petits vivaient dans la terreur. Les grands avaient installé leur quartier général dans des blockhaus que les petits n'avaient pas le droit d'approcher. Ils y élaboraient des stratégies de combat contre la bande rivale.

Il fallait aller loin dans les dunes pour échapper à l'éventuelle trahison des très grands qui n'auraient pas manqué de prévenir les parents. Les petits n'arrivaient pas toujours à suivre, ils ne marchaient pas assez vite, ou alors ils n'avaient pas entendu toutes les consignes. Il ne fallait pas que les grands s'en aperçoivent, ils auraient subi la punition suprême : retourner sur la plage avec les parents, en traînant leur pelle sur le macadam.

Tous, les chefs comme les bataillons, vivaient dans une tension extrême : traquer la bande rivale, élaborer des stratégies de défense, tout en guettant au loin, sur la mer, ou dans le ciel, l'arrivée possible de l'ennemi héréditaire : les boches.

Le soir, les enfants rentraient dans les maisons, humides, froides et bruyantes. Avant de sombrer dans le sommeil, ils se racontaient des histoires de contrebandiers dans le noir strié par la lumière intermittente du phare de Boulogne, ils grelottaient de peur.

Est arrivé le soir où l'on aurait droit de se coucher tard. Une atmosphère de fête remplissait l'air, et l'on attendait la nuit : c'était le soir du feu d'artifice. Les dernières lueurs éteintes au fond de l'horizon, ils sont tous sortis sur le balcon face à la mer. Les premiers pétards, les premières étincelles ont éclaté dans le ciel noir. La plus petite de la bande n'avait jamais vu ça. Toute la peur des derniers jours montait en elle, comme une boule de feu. Les fleurs de lumière illuminaient les nuages, les vagues, la digue et les dunes au loin. Tout crépitait, éclatait de couleurs violentes, retombait dans la nuit. C'est alors que l'un des grands a crié : « C'est la guerre qui recommence ! ». La petite s'est mise à hurler, à se rouler par terre. La boule de feu en elle explosait, dévastait toute sa personne. Elle n'avait plus conscience de rien, pas même du gant glacé qu'on lui collait sur le visage.

15
Dans les dunes

Cette année encore, elle était revenue pour les vacances. Depuis son arrivée, dès qu'elle en avait trouvé l'occasion, elle avait tenté de les convaincre : elle était beaucoup plus grande que l'année dernière, elle pourrait les suivre, elle pourrait tout faire comme eux, elle saurait, et elle ne les gênerait pas. Elle ne voulait plus rester dans le groupe des petits, à simplement jouer sur la plage…

Ils n'étaient pas tous d'accord mais ils avaient fini par accepter. Ils étaient partis sitôt le chocolat avalé. Ils avaient marché longtemps, c'était loin. La fureur des vagues, plus ou moins violente, leur parvenait sur le sommet des dunes et s'étouffait lorsqu'ils descendaient dans les creux. Elle les avait suivis, tendue à l'extrême pour qu'ils ne remarquent pas que, oui, ils avaient raison, elle était trop petite, elle ne comprenait pas tout de leur jeu. Il fallait courir, sauter, se cacher, bondir dans l'immense champ de dunes, derrière les barbelés. On lui avait dit que c'était dangereux, qu'il y avait des mines, partout, sous le sable, près des blockhaus. Que tout pourrait sauter, à n'importe quel moment. Que c'était interdit d'être là, il ne fallait pas être vu, surtout. Elle n'avait qu'à suivre, dans la file, et si elle mettait les pieds dans les empreintes de celui qui courait devant elle, elle ne risquait rien. Elle n'y arrivait pas. Leurs pas étaient trop grands. Elle posait le pied, à chaque fois, dans le sable vierge, juste là où, peut-être, la bombe en fer rouillé l'attendait. Elle avançait, le souffle court, le front humide, la bouche sèche, terrorisée de se faire dépasser par le suivant, de provoquer l'explosion, mais terrorisée surtout qu'on l'abandonne là, toute seule, au milieu des dunes, des collines et des creux de sable à perte de vue, dans un silence hostile renforcé encore par le vent dans les oyats et le grondement sourd des vagues, imperturbables, dans le lointain.

Elle avait tenu bon, à bout de forces, jusqu'au lieu de la rencontre. En face, l'autre bande les attendait, de l'autre côté de la route des Juifs à demi ensablée. On lui avait expliqué : on avait forcé les Juifs à la construire. Quand il y en avait un qui mourait, on l'allongeait en travers et on le recouvrait de goudron. Ils étaient tous là, couchés les uns à côté des autres, sous la route, et c'était là la limite. Le bord du territoire. Elle voyait cela pour la première fois. Ils en avaient parlé souvent, mais elle n'avait jamais vu. Elle ravalait ses larmes : oui, elle avait été capable, elle pourrait les suivre tous les jours désormais, mais tout en elle hurlait, à cause du silence, à cause de l'horreur sous la terre.

16
Thérèse

Ma grand-mère maternelle habitait chez nous. Un coin de la maison avait été transformé en appartement pour elle. Et là, c'était chez elle. Ses portes donnaient sur un long couloir toujours envahi par nos jeux. Elles étaient toujours fermées. Sans doute pour la protéger de nos cris, nos rires, nos disputes. Il nous fallait faire attention quand on allait la voir, nous disposer au calme, faire taire en nous l'agitation et être prêt à sa rencontre.

On frappait à la porte, de sa voix grave elle nous disait d'entrer. Il faisait sombre chez elle. Ses fenêtres donnaient sur un chemin pavé où les vaches passaient matin et soir. Le long du chemin, une haute haie d'aubépine parfumait l'univers au mois de juin. Au-delà, une forêt de saules et de platanes bien plus hauts que la maison remplissait tout le ciel. Le contraste avec le couloir bruyant, inondé de soleil, nous saisissait. L'air était tiède, il sentait le thé et les biscuits, et nous aimions ce monde paisible, un peu triste, qui calmait nos chagrins.

Ma grand-mère me semblait immuable. Avait-elle existé ailleurs, autrement ? y avait-il eu un avant ? Oui, forcément, mais si lointain, si étranger, un temps que nous n'avions pas connu, dont je voyais les traces pourtant sur les murs, sur les meubles : ses photos, ses objets, ses livres. Tout cela ne faisait qu'un tout, son monde de silence et de souvenirs. Je n'y avais pas accès. Elle répondait à peine à mes questions, elle était si évasive, je n'osais pas. Je restais à l'extérieur. Son mouchoir brodé essuyait ses yeux humides. Je croyais qu'elle pleurait toute la journée, dans la tristesse d'un passé perdu, des larmes que je ne savais pas n'être que de vieillesse.

Le jour baissait au son de France Musique quand je venais la voir. Elle laissait alors la brassière qu'elle tricotait pour le dernier à naître. Je lui récitais ma poésie, lui montrais mon cahier, et attendais ses compliments. Elle était ma marraine. J'espérais chaque jour les signes de son affection, d'une préférence peut-être, que je ne trouvais pas avec ma mère. Mais elle ne parlait pas. Je restais là, dans son silence. Je restais quand même.

Je la regardais dans le contre-jour de la fenêtre, et la pénombre transformait peu à peu les choses autour d'elle. Ses yeux bleu passé semblaient se perdre dans un lointain qui n'appartenait qu'à elle. Pourtant, elle était bien là, partageant avec moi la douceur pudique de son univers.

Elle me demandait alors d'allumer le lampadaire, marquant ainsi la fin du jour qui s'étire, le retour du soir et de son rythme soutenu. J'avais attendu l'intime, mais il s'évaporait. Elle reprenait son tricot, et j'achevais mon dessin.

Je rangeais mes affaires dans mon cartable. Bientôt, ce serait l'heure des nouvelles, elle tournerait le bouton du téléviseur, je ne serais plus là pour elle. Je retrouvais ma place, au seuil du monde des grands, du monde du dehors.

17
La mission

A l'heure où l'ombre passait de l'autre côté de la maison, la rangée de platanes s'illuminait. Le ciel, à travers les feuilles, virait à l'orangé et l'on entendait le pas lourd et lent des vaches qui rentraient des prés, sur la route de pavés le long de la maison.

C'était le moment : en bas de l'escalier, la voix rauque de leur grand-mère appelait au bain. Personne ne venait. Tous continuaient leurs jeux au dernier étage de la grande maison, comme s'ils n'avaient rien entendu. Tous, sauf une : la plus grande. Elle, elle échappait au bain. Elle avait autre chose à faire. Elle attendait un peu. Elle attendait que les vaches soient rentrées à l'étable. Elle pouvait les voir monter la côte jusqu'à la ferme par la fenêtre de la chambre de ses parents, celle au balcon. Elle attendait encore que la traite soit faite.

Elle entendait les appels désespérés de sa grand-mère, les cris des petits là-haut qui continuaient à jouer et ne descendaient toujours pas. Elle se sentait grande, heureuse de ne pas être obligée d'aller dans cette baignoire remplie à ras bords d'eau savonneuse et d'enfants s'éclaboussant. Elle se sentait libre, comme bénéficiant d'un privilège, et triste à la fois. Elle était à part. Elle perdait l'enfance, et son corollaire, la plénitude de l'instant présent.

Les vaches étaient rentrées depuis un certain temps. Elle descendait alors dans la cuisine, et comme tous les jours décrochait le pot de la poignée de la fenêtre, et partait fièrement chercher le lait.

18
Elle et lui

Ils appartenaient à cette époque où la vraie vie commence le jour du mariage.

Je revois leur photo dans un cadre ovale posé sur la cheminée : lui, rayonnant de jeunesse, l'air triomphant de celui qui prend possession de sa vie ; elle, les cheveux bruns, courts et bouclés sous son voile, regarde le photographe en souriant timidement. Il se libérait enfin de son rôle de fils aîné, modèle et soutien de famille, soumis aux caprices d'un père abusivement autoritaire. Elle, était confiée par son père, demi-dieu, au garçon qui saurait prendre soin d'elle.

Ils avaient tout à construire : la maison qu'ils avaient trouvée d'abord, délabrée par des années de guerre, leur famille ensuite, ribambelle d'enfants rêvée. Ils n'ont pas pensé à eux-mêmes, ça se ferait tout seul, ils suivraient les modèles, il n'y avait rien à inventer.

Leur vie a d'abord était faite de travail. On ne parlait de travail que pour lui : le train, les cours du soir, le train à nouveau tard dans la nuit, les travaux dans la maison le samedi et le dimanche. Elle, elle avait ses grossesses, les unes après les autres, ses enfants, le linge, la couture, le jardin, tout ce qui occupe les mains et laisse la tête à peu près libre. Le dimanche, la famille venait, ses frères et sœurs à lui, ses sœurs à elle, leurs parents. Plus tard leurs amis. Toujours la maison pleine, les apéritifs, les grandes tablées, le café sous le cerisier, les balades dans les bois derrière.

Chacun sur le qui-vive, sans repos jamais, sans s'arrêter, toujours quelque chose à faire. Toujours dans le mouvement, dans sa spirale ininterrompue : de plus en plus rapide, de plus en plus rempli, de plus en plus tendu. Pas de place, pas de temps pour être ensemble, pas d'espace pour parler. Le bruit en permanence. Le silence à l'intérieur. La fatigue. L'alcool pour qu'il tienne.

L'absence, au cœur de la présence, fait ses ravages. La déception, l'amertume, la rancœur ont tracé leur sillon, jusqu'à la colère. Il devenait inaccessible, toujours occupé, le regard concentré, totalement étanche. Elle, à la surface d'elle-même, débordait d'agacement, de cris, de violence.

Les enfants, pris en étau, à la fois ciment et obstacle, s'accrochaient les uns aux autres. Il y en avait toujours un, parfois deux, qui parvenaient à rester droits.

19
Dimanche matin

Pendant des années, il était descendu le dimanche matin en tenue de cheval, malgré les scènes répétées de celle qui lui reprochait de « se déguiser ». C'était sa tenue de détente : une culotte grise en coton à côtes, doublée de peau, lacée aux mollets, coincée dans des bottes impeccables qui crissaient à chaque pas, une veste en tweed déformée, couverte de taches, les poches bourrées de tout ce qu'il lui fallait à portée de main, une chemise blanche comme s'il allait au bureau, un pull à bout d'usure.

Il arrivait dans la cuisine et se servait son café debout, sur le départ. On l'observait, cherchant à deviner tous les projets du jour, dans l'espoir qu'on pourrait faire partie de l'un ou de l'autre.

Aussitôt, il sortait chercher les outils dont il aurait besoin pour réparer ce qui avait attendu toute la semaine. A peine la porte claquée, il revenait.

Il commençait alors par sortir son paquet de gitanes maïs. Il l'ouvrait d'une main et prenait la cigarette miraculeuse. Avec deux doigts il tirait sur son briquet en haussant l'épaule et tendant la jambe pour mieux libérer la poche. Ce geste revenait sans cesse : le papier maïs s'éteignait. Il fallait, tout en continuant ce qu'il était en train de faire, rallumer la cigarette sans l'ôter de la bouche, et plisser les yeux pour éviter la fumée. Très vite apparaissait le verre, un petit verre à pied gravé d'une grappe de raisin qui formait un dessin givré, rempli d'un liquide jaune pâle où flottait un glaçon. Il buvait une gorgée, posait le verre, reprenait le tournevis, le reposait, rallumait la cigarette, manège sans fin sous nos yeux admiratifs.

20
Le retour du père

Il s'en allait régulièrement, pour des absences de quatre, six, parfois huit semaines, sur les chantiers dont il s'occupait en Afrique Noire, au Moyen-Orient, au Maghreb.

Elle restait seule, et faisait l'admiration de tous, à tenir l'ensemble, maison et enfants, sans la moindre faille. Par une nuit claire de juin, elle était même allée toute seule à la clinique en 2cv quand l'heure de l'accouchement était venu.

Quand il rentrait, c'était souvent un samedi. On allait tous alors le chercher à l'aéroport avec elle.

A mesure que le jour approchait, elle se réjouissait, le disait sans cesse. Elle faisait des projets. Elle attendait son retour comme on attend la fin du provisoire : le vide serait comblé, l'air serait plus chaud à respirer, ce serait comme un fruit mûr, une saison en plein accomplissement. Elle entraînait les enfants dans son sillage, l'excitation montait, comme à l'approche d'une fête.

Le jour arrivait, la voiture pleine partait. On l'attendait dans le hall des arrivées, au milieu des allées et venues, et des voix posées des annonces.

Il apparaissait soudain au milieu d'un flot coloré. Il riait de nous voir tous. Il se précipitait sur elle qui, d'un coup, se figeait. Elle ne répondait pas à son bref baiser. Il ne s'attardait pas, et repartait chercher ses bagages. On suivait en courant vers l'ascenseur, vers la voiture.

Il prenait le volant. Les enfants, leurs voix, leurs rires remplissaient tout l'espace. Eux ne parlaient pas. Arrivés à la maison, tous se dispersaient. La vie reprenait. Comme avant, avant qu'il n'arrive, mais pas tout à fait : il n'y avait pas de repos, pas de vide comblé. La tension revenait, celle qu'on avait oubliée, celle qu'on ne voulait pas voir, la sienne à elle, la sienne à lui.

Dès le premier repas, tout explosait, la colère une fois de plus : l'ail dans la nourriture, le courrier de la banque, la facture injustifiée, le dîner chez des amis accepté pour le soir même…

Il se calmait. Elle le relançait sur un détail infime. La violence se frayait un passage. La violence s'infiltrait, la violence s'installait.

21
Les Américains

Ah ! Les belles soirées quand mon père ramenait les Américains à la maison !

Il travaillait pour « une boîte américaine » comme il disait, et les Américains venaient parfois quelques jours à Paris. On savait qu'il y aurait alors la traditionnelle sortie au Lido ou dans un restaurant typique. Les petits disaient : « ce soir, papa est dans un restaurant typique avec les Américains ». Ils ne savaient pas ce que c'était, mais c'était forcément formidable. D'autres soirs encore, il revenait avec eux dîner à la maison. Alors là, nous faisions partie du plan, de la stratégie. On assistait avec fierté au savoir-faire de notre père : il s'attachait à montrer ce qui, selon lui, était le « typical french way of life » : une grande maison, une salle à manger aux boiseries anciennes avec table mise à la française, cuisine mijotée par la maîtresse de maison, vins des meilleurs cépages, enfants bien propres en pyjama venant dire bonsoir au salon pendant l'apéritif (les petits, bien sûr, avant d'aller se coucher, car nous, les aînés, nous avions le privilège de dîner avec les invités).

Mon père parlait des châteaux de la Loire, de poésie et de littérature française, il sortait de la bibliothèque les éditions de la Pléiade et ses livres anciens de collection. Il mettait à l'honneur la vieille culture européenne en servant des liquides colorés dans des verres de cristal. A mesure que je grandissais, je sentais confusément son mépris de l'Amérique, de ses habitants qui, selon lui, n'avaient qu'un seul savoir-faire : les Affaires.

La conversation s'épuisait un peu. Alors, on passait à table. Il relançait l'attention en racontant ses aventures : les ours en forêt pendant les camps scouts, la chasse au sanglier à l'épieu qu'il disait avoir pratiquée, et toutes sortes d'exploits dignes des chevaliers les plus valeureux. Les Américains écoutaient bouche bée. Notre mère partait à la cuisine cacher son agacement. Nous, nous plongions le nez dans notre assiette pour ne pas nous regarder, pour surtout ne pas rire et commettre l'irréparable.

22
En attendant le car

Ce matin-là, elle n'avait pas eu besoin de réveil. Elle s'était levée tôt. Il ne fallait pas manquer le car. Sa mère avait décidé de l'emmener à Paris dans les grands magasins : elle avait beaucoup grandi, il fallait tout racheter.

C'était très excitant l'idée de nouveaux habits, et puis cette journée seule avec sa mère, c'était inattendu, elle n'avait pas le souvenir que cela ait déjà eu lieu.

Elles attendaient le car, assises sur le banc dans l'air glacé du matin. Les images commencèrent à défiler dans sa tête : ce qu'elle avait vu à l'école, aux porte-manteaux du couloir, ou dans la cour, des habits moelleux, légers, qui semblaient chauds, qui donnaient l'air d'être à l'aise, d'être bien. Elle pensait à l'anorak d'Evelyne, aux bottines de Chantal, au gros pull à col roulé d'Annick, à ses pantalons de velours. Elle imaginait le magasin plein à craquer, elle n'aurait qu'à choisir…

Sa mère, au milieu du silence, se mit à parler. Des phrases courtes, espacées, comme pour elle-même : « une jupe écossaise, ce serait bien… des collants de laine pour aller avec… un petit chemisier blanc aussi, c'est joli… un pull bleu marine, ça va avec tout… un duffle-coat pour aller aux garçons ensuite… des chaussures à lacets, solides, qui feraient plusieurs enfants… »

Elle comprenait, peu à peu, que sa mère avait déjà tout pensé, qu'elle ne pourrait pas donner son avis, du moins qu'on ne l'entendrait pas. Elle voyait, dans les mots de sa mère, se dessiner l'image de filles qu'elle connaissait bien, de filles à qui elle ne voulait pas ressembler. Elle voyait trop nettement les kilts et les chandails de ses cousines, les rubans de velours dans les cheveux bouclés, les chaussures cirées, les manteaux à martingale, les bérets pour la messe du dimanche. Elle voyait ces petites filles qui faisaient la fierté de la famille, qu'on citait en exemple à tout bout de champ… Quelque chose n'allait pas, elle le sentait. Ça revenait sans cesse. Elle resterait à part, encore, de toute façon. Elle voulait comprendre, mais elle ne comprenait pas.

Elle se tourna vers sa mère, cherchant à capter son attention, son regard qui démentirait tout cela. Mais sa mère lui semblait loin, perdue dans ses pensées, absente comme si souvent.

Le car arrivait. Elles grimpèrent les quelques marches, trouvèrent une place tout au fond et le silence s'installa.

23
Remontée d'images

Par la fenêtre ouverte, je regarde le jardin qui s'égoutte sous la pluie. Des images me reviennent, comme des photos, de tous petits films, avec leurs couleurs, leurs parfums, leurs musiques, leurs voix :

Le dimanche, je devais mettre un kilt. Je m'asseyais par terre pour mettre mes chaussettes et enfiler la jupe, dont les lourds plis écossais s'étalaient sur le plancher ciré.

Le samedi midi, c'était jour de fête, le jour du steak tartare. Il fallait laisser grande ouverte la porte sur le jardin, quel que soit le temps, à cause de l'odeur des frites, laisser le champ libre dans la cuisine et calmer toute notre agitation.

Après avoir dit trop directement le fond de ma pensée, j'étais envoyée dans ma chambre. Le silence tout à coup et le jardin désert que je regardais par la fenêtre me remplissaient de désolation.

Vers Pâques, le sous-bois derrière chez nous était violet de jacinthes sauvages. J'y allais me consoler et retrouver la certitude d'un avenir possible.

A la fin de la récréation, on se mettait en rang. On réajustait nos habits et l'on attendait que le silence revienne. L'air était soudain propre, immobile, tout était en équilibre.

En avril, après la pluie, quand tout le jardin mouillé tremblait dans la lumière, rien n'était plus triste que le chant du merle dans le parfum des lilas en fleurs.

Evelyne et moi enjambions le mur. On traversait le jardin abandonné jusqu'à la statue de la Vierge. On cueillait des herbes sauvages, on installait les petits bouquets entre ses mains et on se mettait à genoux.

Quand j'étais sûre qu'on ne me verrait pas, j'ouvrais la porte en évitant de la faire grincer et je pénétrais dans le potager. Loin de tout, je croquais tout ce que je pouvais, je respirais un bonheur total.

24
Luzarches

Il est un lieu, quelque part en Val d'Oise, dont le nom suggère à la fois la lumière et l'eau. C'est un bourg qui s'appuie sur une colline surmontée d'un ancien château fort, et s'étale à l'Est vers un fond de vallon à peine creusé, où coule un ruisseau entre les champs et les bois. C'est un paysage d'Ile – de – France semblable à tous ceux dont les impressionnistes raffolaient.

C'est là que j'ai grandi : une maison dans le bas du village, un jardin où les ifs et les lilas rassemblaient tous les merles, un poulailler désaffecté tout au fond et des cages à lapins qui nous servaient de repaires. Derrière la maison, le Chemin Vert bordé d'églantines était autrefois la route du poisson. Il ne servait plus qu'aux vaches qui, deux fois par jour, passaient dans un sens, puis, le soir, dans l'autre. Il servait aussi à nos expéditions, interdites le plus souvent.

Les rues, les maisons, les habitants, restent dans ma mémoire. La rue de Paris et ses trottoirs de pavés inégaux montaient au cœur du village vers le grand cèdre éclairé de boules de couleur à Noël, et jusqu'aux commerces tout autour de deux places : celle de la mairie d'abord, puis la place de l'Ange, accessible par la rue du Cygne, fief du tapissier, du quincaillier et du boucher. En face, la halle moyenâgeuse abritait les tables du café – débit de tabac, sauf les vendredis, jours de marché, où j'accompagnais ma mère avec bonheur. Sur la gauche, la poste au plancher blanchi à la Javel, où l'on faisait la queue dans le brouhaha des rencontres pour avoir sa communication téléphonique. On suivait ensuite la rue Bonnet, on passait devant l'école des garçons, l'étude du notaire, et l'on arrivait au champ de foire entouré d'une double rangée de tilleuls où, le premier dimanche de juin, avait lieu la fête du pays tant attendue : manèges, auto-tamponneuses, stands de tir, et surtout le bal la veille au soir. L'église, et son cimetière accolé, marquaient le bout du village à l'Est, juste avant les champs. Un chemin de terre aux ornières profondes partageait la plaine et descendait en pente douce jusqu'au moulin enfoui sous les arbres.

De l'autre côté, vers le Nord, au plus haut du village, la boutique bleue sentait la lessive, la cire et le coton des serpillères. On allait y acheter des petits jouets dès que l'on avait trois sous. Puis la rue du Pontcel bordée de maisons massives redescendait vers la gare, lieu interdit par excellence car rendez-vous de tous les voyous. Un peu plus loin sur la gauche, la rue du Poirier aux Chats s'enfonçait dans le bois de La Noue. On y ramassait des châtaignes quand venait la saison. Juste avant la ligne de chemin de fer, la cavée permettait de remonter sur le coteau qui dominait le village à l'Ouest. Une propriété longeait cette minuscule route. On prolongeait par les champs jusqu'aux « trois chênes ». C'était très loin de chez nous. On s'y engouffrait avec tous nos rêves d'aventure.

25
Catherine

Pendant la récréation, il nous fallait bouger. C'était obligatoire. Et c'était ma hantise. Je n'avais qu'une envie : m'asseoir sur les marches de l'escalier ou sur le muret qui entourait la cour, regarder les autres et parler avec mes copines. A la rigueur, je voulais bien jouer à la marelle. Mais même cela, ce n'était pas suffisant pour celle qui nous surveillait. Il fallait bouger davantage. Le mieux, c'était les jeux de ballon. Les terrains de basket, de volley, et celui réservé au ballon-prisonnier occupaient presque toute la cour. Seul l'espace sous les platanes restait libre.

Catherine l'avait investi et dirigeait le jeu qui entraînait une partie de la classe, le clan de ses copines. Elles jouaient aux chevaux sauvages. Elle en était le chef et définissait toutes les règles et la stratégie du jeu. Elle était « l'Etalon Noir », cheval pur-sang, indomptable, rétif, crinière au vent, à la tête d'un troupeau qui suivait toutes ses volontés. Catherine fascinait ses camarades, celles qu'elle s'était choisies, avec une hiérarchie qu'elle avait établie et que tout le monde acceptait sans remise en cause. Bénédicte était sa préférée. Elle avait le privilège de la seconder dans la conduite de sa horde sauvage. C'était elle qui rassemblait le troupeau déchaîné et le ramenait au pied du rocher où dominait l'Etalon Noir.

J'observais ce jeu, émerveillée. Je ne faisais pas partie du clan, n'ayant pas l'honneur d'intéresser suffisamment Catherine. Je le regrettais bien sûr, mais je sentais en même temps que cette domination inconditionnelle ne m'aurait pas complètement plu. J'admirais pourtant Catherine. J'admirais sa capacité à organiser un tel jeu qui durait de récréations en récréations, si riche d'événements que je n'aurais pas su imaginer. Je l'admirais aussi parce qu'elle était une des deux meilleures de la classe. En fait, c'est elle que je trouvais la meilleure, parce que l'autre était trop sage et trop réservée à mon goût. Catherine avait un fond rebelle et difficile qui me faisait envie. Elle était première en Histoire, discipline qui demandait, selon moi, un travail colossal. Je la voyais à l'étude apprendre sa leçon, en jouant avec ses nattes qu'elle avait fort longues, et en suçant son pouce, ce qui, pour moi qui la regardais, traduisait son chagrin d'avoir perdu son père en Indochine quand elle était toute petite.

Mes copines à moi ne l'aimaient pas beaucoup : c'était le seul moyen d'exister à côté d'elle. Moi, j'étais partagée. L'ignorer comme elle m'ignorait, voilà ce qu'il aurait fallu. Mais en fait, secrètement, je rêvais de pouvoir un jour devenir son amie.

26
Chef de clan

Il avait un rêve qui l'habitait depuis ses douze ou quatorze ans. Très tôt, je l'ai su. Tout son personnage, toute sa raison d'être y prenait ses racines. C'est son enfance, sa vie de jeune homme qu'il prolongeait au jour le jour.

Il était chef de clan : l'aîné de ses sept frères et sœurs, l'aîné d'une vingtaine de cousins, l'aîné de ses louveteaux et de ses scouts, l'aîné de ses propres enfants. De tous, il était responsable, il les conduisait, il se voulait leur modèle.

J'en étais. J'étais sa fille aînée. Mes frères, cependant, l'intéressaient davantage. Je n'en souffrais pas. Je pouvais l'observer, boire ses paroles, l'admirer, tout en gardant la distance. J'avais ainsi un peu d'espace pour échapper à sa vision du monde, généreuse certes, mais qui ne faisait de place qu'au collectif. J'aimais les chemins solitaires, le silence et l'apparente inaction. Je n'arrivais pas à suivre son tourbillon de colonie de vacances. Je pensais, petite, que j'étais une fille. Faite pour être avec les filles. Pas avec les femmes qui ne se mélangeaient pas aux enfants. Mais des filles, il n'y en avait pas autour de moi : ni sœurs en âge de partager mon temps, ni cousines.

Plus tard, j'ai compris que le prêt à penser de mon père, pourtant très large en centres d'intérêts, ne rejoignait en rien mon monde intérieur. Je n'étais pourtant pas loin de lui en vérité : j'étais imprégnée de sa culture, de son goût pour le savoir, des valeurs qu'il portait haut. Il me fascinait, mais je luttais contre. Je rejetais surtout ce que je pressentais : la césure effroyable entre son esprit brillant, son énergie colossale, et le gouffre intérieur auquel nul, pas même lui, n'avait accès.

27
Un recours

Elle se souvient des dimanches. Les dimanches de ces années où elle commençait à être grande.

Le dimanche, c'était le plus beau jour. Dès qu'elle se réveillait le matin, la joie lui revenait dans les veines à mesure qu'elle se sentait respirer : la journée s'ouvrait, sans limite, immense. Avec tout le monde. Personne ne manquerait.

La première ombre apparaissait quand elle les entendait se rassembler vers la cuisine, la salle à manger, et qu'elle venait aussi s'affairer pour le repas de midi. On préparait les plats, on mettait la table, on s'installait, on mangeait, tout cela dans un brouhaha confus. Peu à peu elle sentait les choses se rétrécir en elle à mesure que le repas avançait. Le dessert, débarrasser, ranger. Venait alors le moment où les uns et les autres se séparaient, se dispersaient, seuls ou à plusieurs, chacun trouvait sa place. Pas elle. Elle allait de pièce en pièce, faisait le tour des groupes, elle tentait d'empêcher le noir de monter, de prendre toute la place, de la paralyser.

Elle se mettait à respirer de plus en plus fort, puis elle se reprenait, et sans que personne n'y prête attention, elle allait jusqu'au portillon derrière la buanderie, et sortait sur le chemin. Elle partait vers la gauche, vers l'abreuvoir, et les bois plus loin. Quand elle pénétrait dans le sentier obscur, sous les arbres serrés, elle retrouvait un souffle plus régulier, qui s'apaisait. Le frisson des branches, la lumière dorée entre les feuilles, le chuintement de l'herbe humide sous ses pieds, les insectes dans le soleil, les oiseaux invisibles et pourtant si proches, l'éclat des mousses et des écorces, le ruisseau du fossé presqu'immobile, toute la forêt venait à elle. Son être retrouvait alors sa souplesse, sa tiédeur, sa force. Elle avançait, à nouveau avec elle-même.

C'était dimanche. Bien sûr le soir allait tomber, le jour s'en irait, et le crépuscule l'envahirait. Mais elle ferait face. Il le faudrait.

28
Stéphanie

La maison, remplie, bruyante, envahie, se vidait à certaines heures du jour au temps de l'école. Les choses abandonnées dans les chambres, dans la position exacte où on les avait lâchées, attendaient alors de reprendre vie avec le retour des habitants. La maison ressemblait au château de la Belle au Bois Dormant.

Tous, cependant, n'avaient pas déserté. Il restait la mère, occupée à mille gestes, d'une pièce à l'autre. Elle bougeait les choses mais ne les faisait pas revivre. Il restait aussi la toute petite, trop petite pour l'école, mais trop grande pour le berceau. Chaque matin, elle s'efforçait avec courage de redonner vie au silence tombé sur les jouets, les chaussettes, les pulls, les pyjamas que les uns et les autres avaient laissés là. Elle profitait de sa liberté. La liberté de prendre tout l'espace, la liberté de toucher à tout, de tout déplacer, de tout replacer à sa manière, la liberté aussi de sa solitude.

Alors elle parlait. Elle occupait le silence avec ses mots, ses histoires. Elle rassemblait les poupées, les animaux en peluche, en bois articulé, les petits robots, les voitures, les cubes, les livres. Elle leur adressait des paroles de réconfort, de tendresse, comme une petite mère à ses enfants chéris. Puis elle allait les coucher, elle leur aménageait des petits lits, des petites maisons, des petits nids. Elle les mettait au chaud dans les vêtements ramassés, les chaussettes, sous les pyjamas, et les répartissait dans tous les coins protégés, derrière les portes, derrière les rideaux, dans les tiroirs, dans les escaliers aux angles des marches, dans les recoins des paliers. Elle voulait que chacun ait sa place, que chacun se sente bien, que la douceur leur serve d'écrin. Elle faisait le tour ensuite, le tour de tous, avec des biberons, des petits verres, des cuillères. Certains ne voulaient pas manger. Ce n'était pas grave. On verrait plus tard.

Le temps s'écoulait, jusqu'à la cavalcade, le retour fracassant de ses frères et sœurs. La plus grande montait l'escalier, soucieuse de retrouver la plus petite, qui, toute fière, l'entraînait par la main pour revisiter la maison, revisiter « sa maison ».

29
L'Irlande

Souvent, je le sentais venir. Le bruit, l'affairement des uns et des autres m'envahissaient. L'ennui aussi d'être au milieu de tous, de ne pas y trouver ma place. Il me fallait fuir alors. C'était irrésistible. J'y cédais à regret cependant : l'envie, mais aussi la crainte d'être seule.

Je montais dans ma chambre, tout en haut de la maison. Le bruit s'atténuait, devenait un vague fond sonore qui me rassurait. J'étais soulagée de m'éloigner des liens trop forts, sans toutefois m'en extraire totalement. J'y trouvais un équilibre bienfaisant. Je me sentais libre.

Je m'asseyais alors sur le châssis de ma fenêtre. J'observais le jardin. Le jardin en entier vu de haut, ses détails que je connaissais par cœur. J'en suivais l'évolution à mesure des saisons, l'avancée des couleurs, des lumières, des ombres.

J'aimais ces moments, tout en calme et en douceur, et je pensais à mon départ quand j'en aurais l'âge, aux voyages que je pourrais faire, à ma vie à venir.

Je quittais le bruit d'en bas, et je rêvais d'enfants. J'aurais des enfants, la maison en serait pleine.

Cette maison, cette ferme plutôt, je la voyais si bien : elle est isolée dans les étendues vertes d'Irlande, au bord de collines surplombant les marais et les lacs. Les chevaux libres galopent dans le vent, les moutons noirs se groupent en troupeaux immobiles, et les chiens attendent sur le pas de la porte, prêts à courir au premier signe. Je porte un gros pull de laine et des bottes de caoutchouc, je fais signe à un mari qui revient dans sa jeep me donner un coup de main pour les agneaux.

La maison est froide, mais chaleureuse. Des fenêtres partout, des grandes, des petites, qui laissent entrer le ciel. Le vent souffle dans les soupentes, les chats dorment en boule près des cheminées.

J'avais quinze ans, je vivais avec ce rêve.

J'ai fait quelques voyages depuis. Jamais en Irlande. L'envie d'y vivre m'a habitée longtemps. J'ai trouvé une maison dans un coin qui lui ressemble : des prés verts sur les falaises, des rivières cachées qui dévalent jusqu'à la mer, et le vent qui emporte les paroles.

30
Tentative impossible

Seize ans. Je devais avoir seize ans. Mes frères en avait quinze et treize donc. C'était un soir d'hiver, noir et pluvieux. Nous étions descendus de nos chambres glacées, et les petits de leur couloir à jeux, pour nous mettre à table en réponse aux appels de notre mère exaspérée par notre inertie.

Comme presque chaque soir, la dispute a éclaté. Sous un prétexte infime, un détail, notre père fit une remarque d'une voix blanche, très calme, masquant mal la marée intérieure qui se préparait. Notre mère répondit d'une petite phrase moqueuse, qu'on aurait dit naïve, innocente presque, mais qui porta à son comble l'exaspération. Les hurlements de l'un, les pleurs de l'autre se sont déchaînés. Il s'est levé bousculant sa chaise, il est sorti en claquant la porte et l'on entendit démarrer la voiture dans une violence extrême. Notre mère pleurait, les petits aussi, mes frères et moi avons ramassé tout ce qui était renversé.

Notre mère s'est reprise. On a tenté de finir de dîner. Elle a couché les petits.

Puis elle s'est installée dans le salon, dans le fauteuil vert, entre la porte et la petite travailleuse Napoléon III. Nous l'avons rejointe, tous les trois tendus, sans pouvoir nous poser. Elle essayait de l'excuser : « il est fatigué… il travaille trop… ».

Non, ce n'était pas ça, on le savait.

Mes deux frères et moi avons tenté l'impossible. Jusque très tard dans la nuit, nous avons essayé de lui expliquer ce qui nous sautait aux yeux : ses provocations permanentes, les règlements de compte, les déceptions masquées sous les paroles dévalorisantes, humiliantes, les fausses tentatives de réconciliation… Elle pleurait, nous écoutait à peine.

Nous étions sûrs de nous. On comprenait. Elle ne comprenait pas. Nous les portions, elle et lui. Nous portions la famille. Nous savions que ça ne marchait pas. Que ça ne pouvait pas marcher.

31
L'écurie

Trois adolescents, pas vraiment désœuvrés, affalés sur la pelouse au soleil, le temps de souffler avant de reprendre le travail. Ils aimeraient que cela dure, mais le programme du jour est loin d'être terminé.

Notre père a quelques passions, quelques rêves aussi. Le cheval en fait partie : monter à cheval, créer avec un ami un club hippique, construire des parcours d'obstacles, passer ses dimanches en concours, et dernièrement, avoir son cheval à la maison.

Il a donc décidé de transformer le garage en écurie. Pour ce faire, il a enrôlé mes deux frères et notre copain d'enfance, Georges, qui partage le plus clair de son temps avec nous.

Je les regarde, à l'appel du père, se lever lourdement de l'herbe tiède et rassembler leurs forces pour reprendre la pioche. Il s'agit de creuser le sol du garage, enlever la terre battue gorgée de graisse de vidange, égaliser et installer les pavés livrés la semaine dernière. Les pavés, c'est ce qu'il faut pour les pieds des chevaux : l'humidité du fumier peut s'écouler, et leurs pieds restent au sec.

Ils travaillent dans la bonne humeur et l'énergie que notre père, en bon chef scout, sait leur communiquer.

Je les regarde. Je n'en suis pas. Je suis une fille, pas censée faire un travail aussi dur, et j'en suis bien contente.

Je les regarde. Et je revois les samedis, les merveilleux samedis de notre enfance. Toute la semaine, la vie s'écoulait dans la maison, à la fois monotone et extrêmement mouvementée. Les jours se succédaient dans un rythme immuable, du lundi matin jusqu'au vendredi soir, jour où notre père rentrait assez tôt pour dîner avec nous.

Tout basculait alors : l'air n'était plus le même, les lumières brillaient davantage, les odeurs de bonne cuisine faisaient frémir tout le monde. Le salon inhabité reprenait vie, les escaliers retentissaient de toutes les allées et venues. Les voix, les rires, les disputes parfois, couraient d'un endroit à l'autre. On s'asseyait sur les marches, on attendait qu'il passe, on s'accrochait à lui, on le suivait partout, mais il fallait encore patienter jusqu'au lendemain matin.

Le samedi arrivait dans l'excitation générale. Levés à l'aube, nous attendions devant sa chambre. Il allait descendre à la cuisine, et chacun aurait droit à un morceau de pain beurré trempé dans son jaune d'œuf.

Et puis c'était enfin l'heure, la vraie vie allait commencer : il fallait d'abord mettre ses bottes. Puis, comme un lâcher de ballons, on bondissait jusqu'au bout du pré, on traversait le verger, et on se précipitait hors d'haleine dans la grange en ruines. Il distribuait alors le travail. Chacun avait sa part, et tous contribuaient à l'aventure. Notre cabane-château fort déjà commençait à prendre forme. C'était le travail de l'été. On ne partirait pas en vacances, on s'y installerait. On pourrait y dormir dans les sacs de couchage, et il y aurait une cheminée avec du vrai feu pour la cuisine.

Les petits comme les grands travaillaient : on transportait les pierres, on poussait les brouettes, on maniait les truelles. Nous étions remplis d'enthousiasme, d'admiration, portés par notre grand chef des travaux qui était beaucoup plus que notre père. On ne perdait rien de ses consignes, attentifs à faire de notre mieux, chacun à sa tâche, fiers, tellement fiers de la manière dont il nous regardait, des mots qu'il nous disait.

Nous étions ensemble. Nous construisions ensemble. Nous étions une équipe. Chacun avait sa place, très loin de la maison, des jours ordinaires, très loin des rivalités, des positions habituelles des uns et des autres. Chacun était reconnu, chacun participait à l'œuvre, chacun existait pour lui-même, pour les autres.

Je regarde les trois garçons, magnifiques dans leur effort. Je regarde les peupliers, au loin, par-dessus le toit. Je pense aux enfants que nous étions, aux arbres qui ont grandi, à l'histoire qui nous pousse, follement, sans répit. A notre avenir, ensemble, et pas ensemble.

32
Balade à Accra

J'avais 16 ans, mais j'en faisais 14. Mon corps n'était plus celui d'une enfant, mais je n'y prêtais pas attention. Cela ne m'intéressait pas beaucoup. J'étais davantage passionnée par l'école, le savoir, et toutes les découvertes de l'esprit. Je rêvais de voyages et d'ailleurs. C'est pourquoi je fus enthousiasmée quand un soir de juin, au dîner, j'ai appris que toute ma famille passerait l'été au Ghana, pour rejoindre notre père alors en mission là-bas.

Il avait loué pour nous une grande maison au milieu d'un jardin rempli d'une végétation inconnue, à l'extérieur d'Accra la capitale. Mon frère et moi, les deux plus grands de la famille, étions passionnés par tout ce que l'on découvrait chaque jour : la nourriture qui nous était servie, les légumes, les fruits, les gens, les enfants que l'on rencontrait, le marché aussi grand qu'une ville, ses étals couverts de choses que l'on n'avait jamais vues, les paysages, les plages immenses violentées par la mer, et tout ce que l'on apprenait sur l'histoire du pays en visitant les alentours.

Cela nous donnait, à mon frère et à moi, l'envie d'échapper à nos parents, d'aller voir ailleurs, par nous-mêmes. Nous leur avons demandé de nous laisser prendre le bus, tous les deux, pour aller visiter la capitale proche. Ma mère, dans un élan protecteur, a d'abord refusé. Mon père, connaissant mieux le pays, était moins inquiet. Nous avons réussi à les convaincre, et dès le lendemain, nous sommes partis pieds nus, comme les Ghanéens que l'on voyait sur les trottoirs, prendre le bus à la gare routière. Entassés sur des sièges défoncés, nous avons traversé ce que l'on pourrait appeler la banlieue : des maisons aux toits de tôle, alignées de bric et de broc, des rues souvent non goudronnées, des foules de gens, d'enfants, à pied, en tous sens. Nous sommes arrivés au centre du quartier riche. On a marché des heures dans les rues le long des jardins, des belles maisons, des quelques monuments, nous avons parcouru une ville qui ne ressemblait en rien à celles que l'on connaissait. On se sentait grands, on était fiers.

Je n'étais cependant pas tout à fait aussi fière que mon frère. Une chose insoupçonnable m'était arrivée dès le matin, dont je ne lui ai surtout pas parlé. Je me suis vite rendue compte que les hommes, dans le bus, puis dans la rue, puis partout, se retournaient sur moi. Ils me regardaient, non pas d'un air surpris, ou interrogateur, ou curieux, ou je ne sais quoi. Non, ils me regardaient parce que j'étais une fille, une jeune femme presque, certains avec une convoitise qui m'a mise mal à l'aise, qui m'a fait peur.

Je ne connaissais rien aux garçons. Je ne côtoyais que mes frères, leurs copains et mes cousins. Le monde des hommes et des femmes, pour moi, appartenait aux adultes. D'un seul coup, j'y faisais mon entrée.

33
Le jour du bac

Je me souviens du jour où j'ai passé mon bac. C'était un jour chaud et plein de soleil en 1968.

Nous avions rendez-vous, toute la classe, tôt le matin au pensionnat pour attendre un car qui nous emmènerait à Beauvais.

Nous étions dans une angoisse extrême. Non seulement parce que Beauvais était en terre inconnue, non seulement parce que cet examen était l'aboutissement de toutes ces années d'effort, non seulement parce que le rater serait la honte suprême, mais parce que l'on était en Juin 1968.

Toutes, nous portions les stigmates d'un monde totalement dépassé aux yeux de ces magnifiques garçons et filles qui hurlaient sur les barricades. Notre prof de philo nous faisait un compte-rendu quasi quotidien de ce qui se passait au quartier latin, et nous l'écoutions bouche bée d'admiration. Dans cette école, nous étions à mille lieues de cet ouragan. Nous portions un uniforme bleu marine à col blanc, dans un château au milieu des bois. Elèves gentilles, pour la plupart, de bonnes sœurs en costume ou de vieilles filles endurcies. Notre prof de philo était le seul homme, un peu débraillé, l'œil éclairé sous une longue mèche, disciple de Merleau Ponty.

Nous sommes donc montées dans ce car, terrorisées : compte-tenu des événements, cette année, le bac se passerait en une seule journée, uniquement à l'oral, chacune seule face à un professeur inconnu, que l'on imaginait hostile à la bourgeoisie catho que l'on incarnait.

Je me souviens des sujets qui m'ont été donnés. En philo, j'ai eu le choix entre « philosophie des sciences physiques » et « philosophie des sciences mathématiques » (mon livret scolaire mentionnait clairement mon manque d'intérêt pour ces matières). En histoire j'ai dû plancher sur la montée de Mao en Chine (on ne l'avait pas traité en cours, je n'avais pas révisé). En géographie j'ai dû comparer l'économie des Etats – Unis avec celle de l'URSS (je ne savais rien).Heureusement, j'étais à l'aise en anglais et en espagnol. Et l'examinateur m'a félicitée pour mon épreuve de français, et pour celle de latin. Bref, j'ai été reçue et, cerise sur le gâteau, avec une mention.

Nous sommes rentrées le soir au pensionnat où nous attendait notre professeure principale. Je montais les marches du perron avec mon amie qui, elle, était dans les premières de la classe, et bien meilleure que moi. « Alors ? » nous demande notre professeur. « Je l'ai, je l'ai ! » répond mon amie, toute heureuse et soulagée. « Vous l'avez, c'est déjà bien ! » répond le professeur, un peu déçue qu'elle soit juste reçue. « Et vous ? » me demande-t-elle. « Moi aussi je l'ai ». Et je n'ai pas précisé devant mon amie, à qui je n'avais rien dit, que moi j'avais une mention.

34
Retour d'Afrique

C'était un de ses retours d'Afrique. Son travail l'y emmenait pour de longs mois, et nous attendions qu'il revienne dans la certitude rassurante que la famille serait à nouveau dans l'équilibre, chacun à sa place.

C'était un samedi matin. Nous étions rentrés de nos chambres d'étudiants pour le week-end. Jean-François, Florence et moi avons proposé d'emprunter la 2cv et d'aller le chercher à l'aéroport. Mon frère et ma sœur attendaient depuis plusieurs semaines ce moment avec leur père pour lui annoncer leur bonne nouvelle.

Nous l'avons vu faire irruption à la porte du débarquement. Son visage s'est illuminé quand il nous a aperçus au milieu de la foule compacte.

Comme d'habitude, tout allait très vite. Il courait plus qu'il ne marchait vers le tapis roulant récupérer sa valise, puis vers le parking, puis au volant de la voiture qu'il malmenait dans sa précipitation.

Les ronds-points et les bretelles d'autoroute franchis, on roulait tout droit sur les routes de campagne. C'est alors que mon frère a pris la parole, ému de ce qu'il avait à dire, interrompu par ma sœur qui voulait le devancer. Chacun lui annonçait son mariage, lui avec la sœur de son meilleur copain, elle avec le meilleur copain, soit le frère et la sœur avec le frère et la sœur.

Je me taisais, prise moi aussi dans l'émotion. Notre père n'a pas dit un mot. Il conduisait. Concentré, certes, mais surtout figé, raide, bloqué, le regard fixe, la bouche douloureusement close.

Le silence s'est installé. Il n'a pas répondu aux questions. Nous attendions d'arriver à la maison, le regard perdu dans le paysage qui défilait.

La journée s'est mal déroulée, tous contaminés par sa mauvaise humeur, déçus à l'extrême de l'effet de cette nouvelle que l'on croyait bonne. Vers le soir, sur un détail infime, il a explosé : pourquoi revenait-il ? Qu'avait-il à dire ? La vie avançait sans lui, les événements le laissaient pour compte, il n'avait plus qu'à les constater. Il était du dehors.

J'ai compris plus tard que ce jour-là, il amorçait son départ.

35
La violence

La maison où j'ai grandi était finalement le lieu idéal : beaucoup de pièces, les portes jamais fermées, des escaliers sans tapis, toujours un enfant qui dévale, les chaussures qui galopent, les jeux, les génériques de Zorro ou Rintintin hurlés à tue-tête, un lieu idéal pour le bruit qui envahissait l'espace sans jamais gêner personne.

Cependant venait en surimpression quelque chose d'autre : derrière le bruit il y avait la violence. Une violence qui nous accompagnait sans cesse, dont nous avions à peine conscience, la violence des cris, la violence qui permettait d'exister, d'être là.

Elle avait la première place dans les valeurs à conquérir. Je l'ai compris avant les autres, puisque j'ai commencé à grandir avant eux. Je me rappelle le ton de fierté de mon père : « elle sait ce qu'elle veut », « elle a du caractère ». Ce fil rouge a conduit mon enfance, mon adolescence, celle des autres aussi. Certains avaient un naturel plus doux, étaient plus attentifs. La violence leur était difficile, on ne leur laissait pas la place. Les adultes les voyaient-ils ? Leur parlaient-ils ? Chacun avançait pour lui-même, comme il pouvait. Moi la première, puisque j'étais la première.

Je suis partie quand j'ai eu l'âge de le faire, en beaucoup d'étapes. J'ai navigué ailleurs, avec d'autres. J'ai compris alors que je n'étais pas du tout celle « qui sait ce qu'elle veut ». Je ne savais rien de ce que je voulais. Rien de ce que j'attendais. Rien de là où j'allais.

J'ai entendu d'autres mots, j'ai vu d'autres regards. D'autres liens se sont construits, sont venus à moi.

La violence, je n'en voulais plus, elle ne me servait plus, je lui ai refusé droit de cité. Petit à petit, elle s'est repliée, elle s'est efforcée de se taire.

Elle se débat toujours pourtant, tapie en animal sauvage prêt à bondir. Mais, le plus souvent, elle me laisse l'apprivoiser.

36
Une rencontre

Elle était à côté de moi en classe. Il avait vingt ans et c'était son ami d'enfance. Elle me parlait sans cesse de lui, et sans doute à lui de moi, de sorte que nous étions amoureux avant même de nous connaître.

Elle organisa une soirée pour fêter le carnaval. Je savais qu'il serait là, je pourrais enfin le rencontrer.

Toute la journée je me suis réjouie. Il se trouvait que c'était mon anniversaire, et pas n'importe lequel : celui de mes dix-huit ans. J'étais sûre que cette date marquerait un tournant décisif dans ma vie monotone, où les journées s'égrenaient identiques les unes aux autres, sans le moindre intérêt. J'espérais qu'un matin, enfin, en me levant, un gout nouveau me viendrait dans le cœur. Ce jour était venu. Je n'en doutais pas.

Mon impatience grandissait. Peu à peu, les heures d'attente ont basculé vers le soir.

Je suis arrivée déguisée pour la fête, comme c'était la consigne. J'avais fouillé dans les armoires, et déniché une jupe rayée bleu blanc rouge, un châle ajouré en laine, et un mouchoir brodé garni de dentelle que j'avais transformé en coiffe. Je serais Charlotte Corday, et l'idée me plaisait bien parce que la soirée rassemblerait beaucoup de jeunes gens à particule, alors que moi-même je portais un nom bien simple et bien populaire.

Mon père m'a déposée devant la porte. Je suis entrée. J'ai franchi le seuil du salon dans une confusion extrême : J'avais tant attendu ce moment, et pourtant, je ne parvenais plus à faire un pas. A cet instant, j'aurais tout donné pour être ailleurs. Je suis restée appuyée au chambranle, paralysée. Je regardais les uns et les autres, je découvrais leurs déguisements. Je me sentais mal, comme étrangère à tous ceux-là, et je ne comprenais pas. Toute la magie, le rêve espéré s'évanouissaient.

C'est alors qu'il s'est approché. Le garçon le plus triste qu'on puisse imaginer. Un pantalon fuseau, une redingote, des cheveux longs mal coiffés, et des yeux bruns si doux… une allure timide, romantique et troublée… « Je suis un peu plus jeune que vous, Mademoiselle la Révolutionnaire, j'écris des pièces pour piano, et vous inviterais bien pour un séjour chez mon amie George Sand. En attendant, voulez-vous danser sur les Beatles ? ».

Il m'a pris la main, je me suis laissé faire, la vie me revenait.

37
Un soir à Boulogne

« Vous nous excuserez : l'huissier est passé ce matin ! »

Ce furent les mots par lesquels mon futur beau-père m'a accueillie ce soir-là. C'était la première fois où mon jeune amoureux m'amenait dans sa famille. C'était un soir de début d'été. Nous nous étions donné rendez-vous rue des Ecoles pour aller voir un film de Buster Keaton dont nous étions fan. En sortant du cinéma, il m'avait invitée à dîner chez lui. Sa mère et sa sœur étaient déjà parties en vacances mais il me présenterait à son père.

Nous sommes arrivés devant un bel hôtel particulier transformé en appartements. Au premier étage, son père nous a ouvert la porte sur des pièces vides, absolument vides : plus de meubles, plus de rideaux, un parquet poussiéreux où l'on voyait encore la trace des tapis. En plein milieu, une table de camping, trois chaises, un grand saladier et le couvert mis pour trois personnes.

Ce monsieur m'intimida fort. Il portait une veste à l'envers, m'expliquant qu'il retournait sa veste à chaque élection. Il était désolé de m'accueillir dans leur appartement sinistré : l'huissier avait tout emporté. Ils avaient subi un « revers de fortune ». Je n'ai posé aucune question, je n'avais rien à dire. J'étais juste désolée pour eux. Je le pensais, mais n'osais pas l'exprimer. Il racontait des anecdotes sur la famille, grande famille protestante massacrée par les papistes (dont j'étais). Le nom des ancêtres rattrapés au Désert

Cévenol et emmenés aux galères figuraient encore sur une stèle à Aigues Mortes. Je sentais bien ma différence. J'aurais pu parler aussi de ma famille, mais je me suis tue. En fait, j'écoutais, intéressée par ses récits, et surtout séduite par ce monsieur brillant, plein d'humour, subversif dans tous ses propos, mais somme toute bienveillant.

A la fin de la soirée, je suis rentrée chez moi avec un sentiment étrange. J'étais heureuse de cette rencontre inattendue, de découvrir chez ce monsieur ce que je n'avais pas perçu auprès de son fils : une famille si différente de la mienne dans son histoire et ses idées, une approche de la vie appartenant à un autre monde et qui m'intéressait beaucoup. Oui, j'étais heureuse de cette soirée.

Pourtant, une gêne imperceptible m'empêchait d'être aussi légère que je l'aurais voulu. Il n'avait laissé aucune place à son fils qui, d'ailleurs, n'avait pas semblé en prendre ombrage. Je l'avais remarqué, sans toutefois m'y arrêter. Je relirai l'histoire autrement des années plus tard.

J'ai revu mon cher amoureux le lendemain. J'ai été bien déçue quand il m'a expliqué que le dîner avait eu lieu dans l'appartement de leurs voisins qui venaient de déménager. Ils avaient eu l'idée de cette farce, et ne m'avaient pas emmenée chez eux, à l'étage au-dessus. On s'était joué de moi. Et moi, je n'avais pas mis en doute le ton sincère avec lequel l'histoire m'avait été racontée. Au contraire, j'avais aimé tout ce naturel et cette simplicité. Je m'étais sentie bien.

J'ai sans doute manqué d'humour, mais sa révélation ne m'a même pas fait sourire.

38
Au fil du temps

Ils s'étaient rencontrés en février lors d'une soirée déguisée chez leur amie commune. Ils ne s'étaient pas revus avant le printemps : elle était encore en classe dans un château au fond des bois, il préparait les concours aux grandes écoles à Paris.

Le mois de mai fantastique est arrivé. Celui de 1968. Il avait trouvé un peu d'essence pour son solex et ils s'étaient retrouvés au bord des étangs de Commelles, non loin de chez elle.

En septembre, elle prit le train chaque matin pour rejoindre la fac à Paris. Ils mangeaient ensemble au resto U. Le soir parfois, elle s'invitait à dormir chez une amie et ils sortaient avec quelques copains. Ils se voyaient autant que c'était possible. Ils avaient tant de goûts communs, la vie était devenue pour elle un enchantement. Elle découvrait avec lui des musiques, des poèmes, des auteurs, des peintres qu'elle ne connaissait pas. Il lui donnait un goût nouveau pour le monde.

Quatre ans ont passé, le temps de leurs études. A la fin de l'été, ils se sont mariés. Ils sont aussitôt partis vivre à Madagascar. Il enseignait la résistance des matériaux au Lycée de Génie Civil à Tananarive, et elle l'espagnol au Lycée Français. Ils entraient enfin en possession de leur vie : lui quittait l'emprisonnement d'une famille très étroite, elle quittait l'enfermement d'une famille trop nombreuse. Ils respiraient large la liberté à pleins poumons, curieux de tout, ne comprenant pas tout cependant du monde où ils avaient atterri. Ils ne comprenaient pas tout d'eux-mêmes non plus, si étranges l'un à l'autre.

Il recevait tous les jours une lettre de sa mère. Il se précipitait pour la lire. Sa mère lui manquait, il se sentait perdu. Elle assistait à cela, sidérée, violentée. Elle se taisait. Elle comprenait peu à peu qu'elle ne serait pas à la hauteur.

Leurs contrats d'enseignants arrivés à leur terme, ils sont rentrés à Paris, dans un minuscule appartement au fond d'une cour, surpris de laisser leurs familles reprendre autant d'emprise.

Ils ont eu leur premier bébé. Ils se sont alors installés dans un appartement plus grand quasiment insalubre. Ils se sont attaqués eux-mêmes aux travaux, mais qui n'étaient pas encore finis quand leur troisième enfant est né : plâtre, cartons, pinceaux, white spirit, biberons faisaient bon ménage, malgré l'ombre qui s'épaississait peu à peu sur eux cinq.

D'incompréhensions en tensions, de frustrations en conflits, de déceptions en rejets, leur vie s'est avancée jusqu'à la rupture.

39
Une plage à Madagascar

Après plusieurs jours de route en taxi bé sur les pistes chaotiques qui filaient droit vers le nord de Madagascar, sans se laver, poisseux de chaleur et de poussière, sans manger presque, tant la nourriture proposée aux escales nous soulevait le cœur, nous étions enfin arrivés face à la mer, loin du tout premier village. Une plage qui vous coupait le souffle de beauté : une seule vague blanche, énorme, bordait les turquoises, verts et indigos fondus au loin dans l'horizon pâle, une forêt de palmiers parfois courbés jusqu'au sol, et le sable gris perle comme ratissé. L'éblouissement. Surtout pour une jeune campagnarde qui n'avait jamais voyagé, à une époque où les photos d'agences de voyage n'existaient pas ou presque.

J'observais ce sable, bizarrement si propre. Soudain la surface de la plage entière a bougé, comme une nappe étalée que l'on aurait vivement tirée. Le sable, en un éclair est devenu blanc. Une multitude grouillante de rats s'est mise à courir, à grimper le long des troncs des palmiers pour se nicher dans les branches. Seuls quelques vieux moins alertes, ou sourds, restèrent à se chauffer au soleil.

Notre élan fut coupé net. La récompense tant attendue virait au cauchemar. Nous n'avons même pas foulé le sable. Nous sommes remontés dans la land-rover, dégoûtés jusqu'au fond de l'âme. A la ville suivante, nous avons trouvé un hôtel et nous sommes couchés, épuisés, dans un lit dont il a fallu d'abord chasser les cafards et ignorer les traces noires de nombreux corps passés avant nous.

40
Un temps sur deux

Ils en étaient venus, l'un comme l'autre, à redouter l'arrivée du soir. Le matin ils se séparaient dans la précipitation, toujours en retard, chacun vers ce qu'il avait à faire. La journée se déroulait, loin l'un de l'autre. Leur tension montait à mesure des heures, sans qu'ils parviennent à la calmer. Ils ne comprenaient pas.

Il avait accepté une mission de plusieurs mois en Arabie Saoudite. Ils espéraient que la distance et le temps répareraient les fissures ouvertes, soigneraient les entailles. Il était revenu. Le voyage n'avait été qu'une ellipse. La violence n'était nullement apaisée. Ils s'étaient rendus à l'évidence, et pendant l'été il était parti. Au retour des vacances, elle était rentrée dans l'appartement à moitié vide.

La mort dans l'âme, ils avaient expliqué aux enfants : ils auraient deux maisons, tout en double : les chaussons, les pyjamas, les bottes, les doudous, les affaires de piscine… ils changeraient de maison le samedi midi après l'école.

Et la vie nouvelle s'était installée, bousculée, toujours.

Le premier week-end était arrivé, et pour elle l'enfer avait commencé. Elle les a emmenés à l'école le samedi matin. Elle est ensuite rentrée dans l'appartement en désordre, les bols encore sur la table. Ranger d'abord. Après on verrait. La suite du week-end, puis les soirées de la semaine, vides.

Les enfants le week-end suivant, pas sages du tout. Elle cherchait à reprendre le fil, remmailler les liens, rattraper,

rattraper à tout prix le perdu. Eux disaient la colère, disaient l'injustice, disaient le chagrin, sans le moindre mot, chacun pour soi, tout seul devant le chaos. Les gestes d'autrefois, les câlins sur les genoux, les caresses dans les cheveux, les paroles douces ne les calmaient pas. Il fallait inventer du nouveau, trouver comment se retrouver, comment faire pour que la chaleur ne s'en aille pas.

Et dès le jeudi soir, le compte à rebours recommençait…

41
Un voyage

Depuis plusieurs mois déjà je vivais seule avec mes enfants. Leur père avait pris un studio à l'autre bout de l'arrondissement, et j'avais gardé l'appartement. Ce devait être provisoire. Le premier été est arrivé et il a emmené les enfants en vacances. Je suis restée seule à Paris, n'ayant rien d'autre à faire que rechercher un travail, ce qui en juillet était difficile. Un soir, presque à contrecœur, je suis allée dîner chez des amis. Parmi les invités, un garçon inclassable, ténébreux, sauvage, mal à l'aise, m'a fascinée tout de suite par ses paroles rares, mais brillantes. Après le dîner, il est venu vers moi et nous avons parlé, parlé, en marge des autres. Je cherche dans ma mémoire, mais je ne parviens à me rappeler ni le contenu de notre conversation, ni comment j'ai accepté sa proposition.

Nous sommes partis le surlendemain, à deux sur sa moto. Nous avons traversé la France, dormant sous une tente minuscule au bord du chemin, vers Aix en Provence, avec deux places pour l'opéra de Rameau donné au Théâtre de l'Archevêché. Après deux jours passés dans les rues d'Aix, au bord des fontaines, nous avons repris la moto vers l'ouest, et nous avons traversé le Roussillon, les Pyrénées, toute la Vieille Castille, pour finir dans les brumes de Galice à Saint Jacques.

Que dire de ce voyage ? En quelques jours j'ai tant appris. Bien sûr, l'opéra, la Provence, les vignes, les couleurs et les lumières que je ne soupçonnais pas, moi qui étais si peu descendue au sud de la Loire. Bien sûr, la moto, les nuits à la belle étoile, les douches dans les campings municipaux, le jurançon au coucher du soleil, les discussions sans fin, sur tout, dans la nuit tombée.

Tant appris de lui, si sauvage et si confiant, si fermé et si aimant, si solitaire, joyeux mais triste aussi, heureux que je découvre ce que je ne connaissais pas. Mais surtout, tant appris de moi, de mes joies, de mes bonheurs, de mon envie de vivre. Je ne me voyais plus en petite fille grandie trop vite, responsable des autres, qui n'en faisait jamais assez. Non, je me voyais dans son regard lumineux, dans son regard aimant, dans la vie qui s'ouvrait.

42
Le théâtre

Voilà que l'autre jour m'est revenue une scène en mémoire. Avec mes amis Pascale et Charles nous avions loué une maison en Ardèche pour passer quelques jours de vacances ensemble avec nos enfants. Nos enfants, c'est-à-dire huit : j'en avais trois, ils en avaient cinq. Huit enfants entre trois ans et dix ans. Nous faisions de grandes balades dans les châtaigniers, des pique-niques, et descendions souvent le sentier escarpé qui s'enfonçait au fond d'un vallon pour nous baigner dans les trous d'eau glacée d'un torrent enfoui dans la verdure.

Le plus petit, mais pas le moins hardi, n'oubliait surtout pas le goûter : « Qui veut un choco BN à la nasouette !! » chantait-il à tue-tête en distribuant les biscuits. Nous remontions en fin d'après-midi jusqu'à la maison, en tirant les râleurs qui ne voulaient plus avancer. Pour les motiver, nous leur faisions miroiter une surprise.

Parmi les surprises que nous avions imaginées, nous les parents, et l'adolescent assez perdu que Pascale et Charles avaient recueilli pour l'été, il y avait un spectacle. Nous avions mis en scène l'histoire du petit chaperon rouge, que nous avions répétée le soir quand les enfants, enfin, étaient couchés. L'idée n'était pas de moi. J'ai horreur du théâtre, dans un rôle d'acteur je veux dire, depuis qu'à l'école, j'avais joué la petite fille aux allumettes. Jamais je ne me suis sentie aussi ridicule. Je ne sais pas changer de peau, être quelqu'un d'autre. Je ne sens pas les phrases, les mots qui ne sont pas les miens, les sentiments qui ne me sont pas familiers, les mouvements d'un corps d'emprunt… Bref, je ne sais pas faire avec un autre qui m'habiterait.

Quand l'idée de jouer une pièce de théâtre a germé un soir, je me suis sentie rétrécir en moi-même. Mais je n'ai rien dit devant leur enthousiasme. Donc, les rôles ont été distribués. Pascale serait la grand-mère, Charles le chasseur, le jeune adolescent serait le loup, en santiagues et en blouson noir, en vrai loubard que l'on n'aimerait pas croiser, et moi… le petit chaperon rouge !

Le soir prévu est arrivé. Le spectacle eut lieu devant un parterre d'enfants enthousiastes, excités, émerveillés et ravis. Nous étions tous parfaits, y compris moi. Je n'en revenais pas. J'avais joué la petite fille que nous avions inventée : capricieuse, bêtisière, mal élevée, insupportable. La sale gosse dans sa splendeur. Les enfants étaient fous de joie. Surtout les miens.

43
Un pull à Roscoff

Roscoff, il y a quelques vingt ans. Je viens de traverser la moitié de la France pour rejoindre mes chers amis, là-bas, dans l'île en face.

Après six heures de route, je sors de la fournaise de ma voiture. Elle sent l'huile et l'essence, le plastique chaud, et moi aussi. Je me déplie dans l'air marin qui m'envahit, dans la lumière pure qui s'accroche au gris sombre des maisons basses et des toits d'ardoise. Je suis en avance. Le bateau que je dois prendre n'est pas encore à l'embarcadère. Alors, je longe le bord du quai et pénètre dans la ville. Les maisons s'entassent les unes contre les autres le long de la rue principale, étroite et sinueuse. On l'imagine sans peine sous le vent d'ouest en hiver. Les petites boutiques débordent sur les trottoirs, envahissent la chaussée pavée interdite aux voitures. Je m'enfonce entre les portants qui croulent sous le coton rayé, la laine dans tous ses états, toutes ses couleurs, tous les bleus, les rouges, toutes celles des voiles anciennes. C'est du rêve à toucher, le libre cours à toutes les envies. Je voyage d'étal en étal, la mer au cœur, qui m'appelle là-bas, entre les façades de granit, au fond des ruelles.

Et puis soudain je le vois, modeste au milieu du reste, un pull juste pour moi. Des années que je le cherche. Je comprends d'emblée qu'il a tout : sa forme d'abord, décolleté en v pas profond du tout, large, pas trop long. Et puis les manches un peu courtes, j'aime avoir les poignets découverts.

Les épaules ne sont pas marquées, elles tombent dans un naturel très souple. Sa couleur, bleu marine ? Gris ? Il accroche la lumière, clair sur le dessus quand la matière est horizontale, plus sombre dans les verticales. Sa chaleur, sa douceur m'enveloppent déjà, il est mousseux, souple, épais mais léger, vivant sur son cintre. Laine ? Ou coton ? Difficile à dire. Neuf ? Oui, mais non : il attendait depuis longtemps. Je ne peux m'empêcher de le respirer. Il a l'odeur des voyages, des départs, des arrivées. Il sent Roscoff, tout à la fois la mer, et les petits champs de primeur alentour, selon le vent.

Je vais l'essayer, me couler dedans. C'est l'enfance qui m'assaille, du temps où les habits faisaient partie de moi. Je les portais sans question, c'était comme mes cheveux, ou comme mes mains, c'était moi, c'est tout.

Je l'ai essayé, mais pas quitté, baptisé dans les embruns du bateau pour la traversée. Pas quitté, pas quitté pendant vingt ans. Il est déformé, passé, usé. Je roule les manches, trop longues maintenant. Il sent le bonheur. C'est mon compagnon des heures difficiles, il m'attend là où je l'ai posé, prêt pour moi, toujours. Il me reconstruit le bien-être, il me redonne le vivant.

44
L'achat de la maison

J'habitais à cette époque avec mes enfants tout en haut de la rue qui descend vers le square Croulebarbe, dans un petit appartement dont j'étais propriétaire. Enfin, disons que j'en possédais une partie, la plus grosse part appartenant encore à la banque.

A cette période, j'ai dû rechercher un autre travail. Je fus engagée dans un emploi qui nécessitait ma présence sur place en permanence, avec des gardes de nuit, de week-end, et j'ai donc emménagé dans un logement de fonction. Mes enfants, les deux plus jeunes, plus ou moins ravis, m'ont suivie bien sûr. Mes périodes de travail, de deux semaines, parfois trois, étaient comme des plongées en apnée, et j'ai su très vite que, lors de mes périodes de repos, j'aurais besoin de m'évader ailleurs.

C'est alors que ce qui n'était qu'un vague rêve qui me poursuivait depuis longtemps s'est autorisé à prendre corps : trouver un lieu sauvage, en pleine nature, dans les embruns de la mer, où je pourrais me retrouver avec ceux que j'aime. J'ai décidé alors de vendre l'appartement, et de me mettre en quête, avec la somme qui me resterait une fois la banque remboursée.

Dès mon premier week-end libre, je suis partie vers l'ouest. J'ai fait les agences des villages côtiers les plus modestes, et j'ai visité des maisons.

Hélas, mes rêves perdaient leurs belles couleurs. Je n'avais pas assez d'argent. Les agents immobiliers ne me riaient pas au nez mais ne me proposaient que des maisons à vingt kilomètres de la mer, avec le toit à refaire, donnant sur un carrefour, sans jardin, ou exposées au vent, face aux champs de maïs, devant un horizon vide fondu dans des nuages gris, lourds de pluies à venir.

Je me suis obstinée et suis repartie vers la mer dès que je le pouvais, tenace, ne lâchant rien de mes espoirs, dans un premier temps. J'ai fini par comprendre que mon rêve était trop grand pour moi. Après une nuit sans sommeil, au lever du jour, j'ai renoncé.

Le lendemain, j'ai reçu un coup de téléphone. Une maison sur la côte était à vendre. La propriétaire, plus que pressée, la bradait. Sûrement elle me plairait, me disait l'agent, elle était dans mes moyens, elle serait partie dans les deux jours, il me la réservait, il ne la mettait pas en vitrine, il fallait venir tout de suite !

Je n'y croyais pas. Je n'osais pas y croire. J'ai pris le train quand même.

L'agent immobilier m'attendait à la gare. Il m'accueillit avec beaucoup de chaleur. Je l'avais touché, m'a-t-il dit. Je ressemblais à sa mère, et il était heureux de me proposer cette maison. La route au milieu de la campagne nous a conduits au village, à quelques champs du bord de la falaise. Nous nous sommes arrêtés devant une maison silencieuse, engourdie au fond de son petit jardin. Des rideaux opaques aux fenêtres la plongeaient dans un sommeil d'abandon. Des pans de brume se déchiraient au bord du toit. La pelouse était dévastée par des plantes qu'on avait emmenées ailleurs. Les arbres frissonnaient autour d'elle.

C'était un appel au secours. Oui, cette maison était pour moi. J'allais ouvrir les fenêtres au vent du sud. Le soleil allait revenir. Et plus tard, mais je ne le savais pas encore, mes petits-enfants, en arrivant, diraient tout joyeux : « c'est nous ! » et s'envoleraient dans l'escalier pour tout retrouver.

45
Au lycée

Voilà que sont arrivés un soir sur le bureau de ma chambre les papiers à remplir pour l'inscription de mon dernier fils en classe de seconde. Gaspard avait avancé de manière fort brillante en classe de troisième, et la question se posait de continuer sa scolarité dans le même établissement, ou de postuler pour un autre lycée.

Bien sûr, nous en avions parlé à plusieurs reprises. J'avais à chaque fois interrompu la conversation au bord du conflit en suggérant de remettre la décision à plus tard. Il ne voulait pas quitter ses copains. Je le comprenais. Un groupe de garçons et de filles joyeux, insouciants, désinvoltes qui forçaient la sympathie, des week-ends à la campagne chez l'un ou l'autre parent, du sport, encore du sport, une vie remplie par tout sauf le travail scolaire faisait son bonheur. La plupart d'entre eux se traînaient en queue de classe. Gaspard, lui, béni des dieux, survolait toutes les matières avec aisance. En bonne mère soucieuse de l'avenir de son fils, surtout désireuse de ne pas laisser ses capacités en jachère, j'avais secrètement décidé de l'inscrire dans un lycée qui le tiendrait en haleine. Il ne voulait pas en entendre parler. Je démontais ses arguments. Il démontait les miens un à un. Nous étions dans l'impasse. Je ne dormais plus. Le plus grave pour moi, sans doute, était la tension permanente, le conflit plus ou moins larvé qui nous mènerait à la rupture. Je l'en savais capable. J'ai demandé conseil autour de moi. Je ne voyais pas clair devant tant d'avis contraires.

Le temps de la réflexion est arrivé à son terme. Il fallait rendre les papiers d'inscription. La veille au soir je lui ai proposé d'aller au bout de la rue nous attabler devant une pizza. J'ai toujours aimé les restaurants pour les conversations décisives. J'ai repris mes arguments pour le choix du « célèbre » lycée. J'ai manifesté la plus grande souplesse pour ses projets à venir, son temps libre, le sport, les week-ends, ses allées et venues. Je lui ai donné mon accord pour un vélo, un beau, ce que j'avais toujours refusé à Paris. Nous sommes parvenus à un accord. Je respirais.

En septembre, il est donc allé, en vélo, à son nouveau lycée. Tout allait bien.

J'ai appris, il n'y a pas si longtemps, qu'il était retourné tous les jours à la cantine de son ancien collège retrouver les autres. Il n'est pas venu à l'idée du personnel de service qu'il ne faisait plus partie des effectifs. J'ai appris aussi qu'il avait aménagé le local à vélos de notre immeuble : un bloc de mousse, des coussins sur lesquels il continuait sa nuit en lieu et place de premier cours. Malgré cela, ses résultats n'ont pas baissé, et je ne me suis aperçue de rien.

46
Première nuit dans la maison

Petite, je dessinais des maisons. Toujours. De toutes formes, dans des environnements divers, entourées de jardins variés. J'aimais les maisons, comme celle où j'ai grandi, avec de l'espace, des pièces meublées de choses chargées d'histoires immuables. C'était familier pour moi, je m'y sentais bien.

Vint l'âge où il m'a fallu partir, emmener juste quelques affaires, et m'acclimater à un lieu très petit. A partir de ce moment, j'ai vécu dans des endroits restreints, longtemps. Puis un jour, la vie était déjà bien avancée, j'ai acheté une maison. Je l'ai achetée seule, mes compagnons de vie, mari, enfants, étaient déjà partis chacun à leur tour.

Je l'avais visitée, encombrée, sale, sans lumière et sans charme. Je m'étais décidée pourtant pour elle, dans ce phénomène étrange où l'on se choisit réciproquement, percutée par la conviction d'un avenir possible, avec ses promesses.

J'anticipais déjà le plaisir que j'aurais quand les petits rentreraient du froid avec leurs parents, les joues rouges et le nez humide, pour s'asseoir à table devant une cocotte fumante, tous ensemble, dans la lumière du soleil d'hiver. Je voyais déjà les œufs de Pâques cachés sous les violettes et les primevères, les cafés aux premiers soleils, les retours de plage avec des seaux remplis d'eau de mer et de petites bêtes. Les murs me parlaient d'heures qui s'avancent, chargées du plein. Plein de vie bruyante, plein de silence, plein de ce qui vient.

Je n'avais pas revu la maison jusqu'à ce soir de juillet. J'avais passé l'après-midi chez le notaire pour la signature : un bureau crasseux, des fenêtres opaques de poussière, des piles de dossiers aux couleurs fanées sur une table bancale, un petit homme chauve qui rappelait ses souvenirs d'école primaire avec « ma » vendeuse. Le jour déclinait, mon impatience grandissait. Je reçus dans la main, avec une émotion infinie, quatre clés de métal chaud et terne, reliées par un morceau de corde à linge, qui me semblèrent le plus beau cadeau de ma vie.

J'avais pensé avoir le temps d'aller m'acheter un matelas pour ma première nuit. C'était déjà trop tard. J'arriverais sans rien, ne dînerais pas. Il me restait les dernières lueurs du jour pour découvrir une maison dont je ne me souvenais plus très bien, et que je n'avais jamais vue vide.

J'ai refermé la porte derrière moi. La maison m'accueillait comme une personne, son silence me parlait de bienvenue, le jour presque disparu m'invitait de pièce en pièce, les odeurs me disaient son histoire et je comprenais que nous serions partenaires, qu'elle allait m'apprendre à voir, m'apprendre à vivre.

47
Un itinéraire

En arrivant hier soir dans la maison, c'était déjà la nuit. Tout en haut du deuxième escalier, sous le toit côté nord, l'œil de bœuf donne sur la mer, derrière les champs. Nuit noire. Pas de lune. Il me faudra attendre demain, je descendrai alors au pied des falaises.

C'est gris, ce matin, tout est mouillé. La brume monte par l'ouest et envahit le jardin. Le varech arrive en effluves. Je ne verrai pas grand-chose, mais je pars quand même. L'allée de ciment partage le jardin en deux, à la manière des potagers. Elle brille sous la rosée entre les pelouses, envahie par endroits de myosotis et de violettes, et me conduit au portillon de bois plein qui ouvre sur la petite route bordée de haies plus ou moins sauvages. A gauche, vers le village, j'irai plus tard. Je tourne vers la droite. C'est par là que la brume m'attire. La maison de ma voisine, calfeutrée au fond de son jardin. La suivante, pas belle, mais remplie de chats. Plus loin, un portail de bois vermoulu qui ne ferme plus, un champ d'herbe, des arbres, une ancienne mare remplie de saules, un toit au loin, tout donne envie d'entrer malgré l'interdit.

A l'angle du portail, il faut quitter la route et prendre le chemin qui s'ouvre tout à coup sur la lumière : les champs, les prés, la mer. Le sentier d'herbe suit la courbe du talus pour longer la crête de la falaise. La mer se devine dans la brume, ni bleue, ni grise, comme immobile. Pas un bruit. Des vagues de brume, des écharpes opaques s'avancent, m'enveloppent jusqu'aux deux cent cinquante marches qu'il faut descendre pour la récompense qui m'attend.

L'escalier dévale au milieu des bois. Ce sont des jardins où sont nichées quelques maisons fermées le plus souvent. La végétation est reine, les frênes, les sycomores et leurs sous-bois, les sureaux, les troènes et puis les hortensias géants. Il fait sombre, humide et silence aussi. L'air chargé d'eau pèse lourd. Les primevères, les premières ficaires s'ouvrent avec la venue du jour, et l'odeur des algues mouillées annoncent la mer que l'on ne voit plus. Les dernières marches, cassées de tant d'orages, les graviers sous les semelles, et la route reprend bordée des premières feuilles des fraises sauvages de l'été dernier.

Au détour, la mer apparaît, lointaine mais si proche. On est presque à niveau dans le fond de la valleuse. Il faut encore tourner à droite pour déboucher dans l'échancrure entre deux murailles de craie plantées dans l'eau grise, épaisse, lourde, qui ce matin ne bouge pas. Pas d'âme qui vive dans cette solitude, habitée pourtant d'un silence plein. Ah, si. Un couple de goélands arrive en criant et se pose sur la mer de plomb.

48
Le dedans, le dehors

Je suis revenue dans ma maison au cœur de l'hiver, quelques jours dans ce janvier glacial pour éteindre mes radiateurs, que je croyais avoir laissé allumés en partant précipitamment juste après Noël.

Mais bien sûr, les radiateurs étaient éteints. La maison était froide et abandonnée. J'ai posé mon sac et, le temps qu'elle se réchauffe et se remette à vivre, je suis descendue par l'escalier de la valleuse, creusé dans la falaise entre les jardins, jusqu'à la plage.

La mer, furibonde de la dernière tempête, était blanche et beige, mélange d'écume et de craie de la falaise écroulée. Les galets avaient disparu, tous enfuis et probablement échoués sur la plage de Fécamp. Ils reviendraient quand bon leur semblerait. Je me suis assise sur un bout de rocher, comme à mon habitude, toute à mon silence intérieur, malgré le fracas des vagues et les cris des goélands à la surface de l'eau. J'ai laissé le vide m'envahir. Mais était-il si vide ?

Je suis remontée vers la maison, transie de froid. J'avais trois jours devant moi pour faire tout ce que je laisse en suspens quand les petits sont avec moi : linge en attente, ménage à fond, déchetterie, deux rendez-vous à Fécamp pour des questions d'assurance et de mutuelle… j'établissais mon programme.

J'ai fait tout ce que j'avais à faire, active et efficace. La vie avance dans mes veines et je ne traîne pas. Le temps est rempli. Mes mains, ma tête, tout mon corps est à ce que je fais. Tout mon corps, mais pas toujours mon cœur. J'ai plusieurs pelures en moi : les gestes, qui sont à ce qu'il y a à faire, rapides, précis. Ils appartiennent à l'immédiat, au temps qui avance. Je les habite bien sûr, mais ils restent à la surface. Le cœur, lui, habite le plus profond. Il aime le silence et la lenteur. Il a parfois du mal à suivre. Il reste en arrière, solitaire, embrumé et souvent comme perdu. Il est dans l'avant, le déjà passé, quand les gestes, eux, travaillent pour le présent, pour préparer ce qui est à venir. Le cœur est avec ceux qui ne sont pas là, ceux que je ne vois plus, perdus dans le temps, partis très loin, ou ceux que je retrouverai au contraire après-demain, ou dans les jours qui suivent.

Je ne sais plus vraiment où je suis, comme dans un temps d'attente, suspendu, entre ce que je fais qui remplit l'immédiat, et le passé qui me rejoint dans un présent solitaire, dénudé au plus profond, un présent qui laisse la place.

J'ai le cœur comme une corbeille. Je prends tout, je reçois tout : ce qui vient selon les moments, le vif et le lent, l'obscur et le lumineux, et aussi le bruit, et le silence. Surtout le silence.

Et pendant que j'écris, par-delà le carreau, les branches du cerisier s'égouttent et brillent dans le soleil. Deux mésanges s'y accrochent, malmenées par le vent.

49
Et l'un, et l'autre

D'où me vient ce besoin de silence, ce goût de la solitude, cet amour des lieux reclus que les hommes ont délaissés, les bords de rivière aux herbes sauvages, les fonds des jardins loin des massifs fleuris, le bout des potagers à l'abandon ?

D'où me vient ce bonheur à respirer l'espace, la montagne des hauts pâturages et des pentes minérales, les rivages désertiques entre vagues, sables et galets, les bois profonds dans le mouvement du vent, les plaines immobiles sous les nuages ?

D'où me vient parfois l'envie des promenades solitaires sur les trottoirs de Paris, dans les rues s'allongeant vers la Seine, étroites entre les maisons, débouchant sur le ciel ouvert, dans la lumière éclatante qui se brise sur l'eau ?

Mais d'où me vient aussi ce besoin irrépressible de rejoindre les autres, d'être au milieu d'eux ? De les retrouver, de partager leur temps ? La nécessité de me plonger dans le contact anonyme des gens de la ville, dans le bruit des passants, de croiser leurs regards éphémères ?

D'où me vient le goût du travail collectif, de l'énergie rassemblée, de la cause soutenue à plusieurs ? Ce goût de l'équipe qui se renforce avec le temps ? Ce goût des liens qui s'affermissent, se reconnaissent, ce goût de faire tourner le monde ensemble ?

D'où me vient la chaleur qui me monte au cœur quand je rejoins les miens, ce goût de la parole retrouvée, des mots qui se complètent, des silences habités ? D'où me vient ce bonheur de la présence de l'autre reconnu, de la tension apaisée par sa rencontre, de l'amour nourri à son contact ?

Mais d'où vient aussi cette lassitude, ce vertige qui s'empare de moi quand le trop plein d'espace et de solitude m'entraîne jusqu'au vide ? D'où me vient cet épuisement quand les autres m'envahissent jusqu'à ma perte ?

Je vais dans un mouvement jusqu'à l'extrême. Je me reconstruis dans l'autre. C'est dans cette alternance que je puise ma force, que je cherche l'équilibre, inlassablement.

50
Le paresseux

Un paresseux qui nage dans un étang, sur un écran de cinéma dimanche après-midi. Plusieurs images se succèdent : la surface de l'eau, la tête, le dos du paresseux émergent de l'onde, le rivage de l'étang, les arbres au loin, le ciel, les nuages, le soleil entre les herbes, le monde où l'on respire, le nôtre. Puis la caméra glisse sous l'eau et filme les pattes, le ventre du paresseux, les plantes immergées, la lumière noyée. La caméra passe aisément d'un monde à l'autre.

La ligne de flottaison qui sépare ces deux espaces me conduit à ma propre césure : le monde que j'habite, celui du dehors, de ce qu'il y a à faire, à vivre maintenant, ce monde-là, qui est juste contre l'autre, celui qui m'habite, souterrain, d'où surgissent le déjà vécu, le déjà fait. Ces univers, séparés en apparence, font souvent irruption l'un dans l'autre. Le passé affleure, il éclaire le présent autrement. Je ne sais pourquoi, ni comment cela se produit.

Ce bouleversement me pousse à l'écriture : la ligne opaque entre le dehors et le dedans, le présent et l'oublié tout à coup se brise. C'est une rencontre inattendue entre le nouveau et le connu, déjà compris, mais pas encore regardé. Une lumière, un regard, une senteur, me plongent au plus profond, dans les eaux sombres du passé, traversées soudain par une lueur qui me redonne les couleurs. L'ombre me ramène au jour. Les racines enfouies dans la terre humide se prolongent par la feuille tremblante dans la brise de l'aube.

Je reviens à la surface, et je me mets alors à l'écriture comme je fais le tour de mon jardin. Je le connais par cœur mais je n'ai encore rien perçu de ce que m'apportera ce jour : les germes nouveaux seront-ils sortis ? La feuille trop petite pour être reconnue se donnera-t-elle à voir ? La tige cachée dans l'ombre percera-t-elle vers la lumière ? Et ce qui me semblait si beau hier aura-t-il encore son éclat ?

51
Souris et rats

Tout au long de mon enfance, j'ai partagé ma vie avec les animaux. C'était évident, j'habitais à la campagne. Les oiseaux, les poules, les lapins dans les jardins voisins, les chats qui vont et viennent, les chiens qui attendent, les insectes variés, dehors l'été, dedans l'hiver, tous respiraient le même air que moi, dans la tolérance et l'indifférence réciproques. On partageait l'espace et c'était naturel.

Seules les souris, je devrais dire les rats, faisaient exception. Une terreur, un dégoût indicible s'emparaient de moi dès que j'apercevais une de ces bestioles. Il m'est arrivé de hurler en ouvrant le placard de la cuisine à la vue d'une souris noyée dans la bouteille d'huile. Dans les coins cachés des armoires, il y avait toujours quelques soucoupes remplies de graines rouges à ne pas toucher. Je frissonnais dans le fond du jardin quand, à mon approche, les feuilles de lierre couvrant le sol se mettaient à bouger, sûre que j'étais d'assister à la fuite d'un animal détesté. J'en rêvais la nuit, me réveillais en sueur, terrorisée à l'idée que ma chambre puisse être envahie. Je n'en parlais à personne : le pire aurait été qu'on se moque de moi, de mes peurs incontrôlées.

Le paroxysme fut atteint à Tananarive, la nuit où j'ai repoussé violemment, plusieurs fois, mon jeune mari dont les cheveux, croyais-je, me chatouillaient l'oreille. Excédé d'être ainsi réveillé, il a allumé la lumière. Entre nos deux oreillers un énorme rat enroulé sur lui-même dormait comme un chat. L'horreur a alors atteint son comble. Mon mari, ce héros, l'a pourchassé avec un balai jusqu'à ce que le rat, d'une agilité extrême, plonge dans le trou de la baignoire. Je me suis arrangée, depuis, pour ne plus jamais fréquenter les lieux où j'aurais pu croiser l'un de ces monstres.

Les années ont passé. Les souris et les rats se sont éloignés de mes préoccupations. J'ai fini même par n'y plus penser.

Et puis l'autre jour, affalée devant ma télévision, je cherchais de chaîne en chaîne quelque chose à regarder. Je me suis arrêtée sur un documentaire. J'ai compris dès la première image de quoi il s'agissait. Je n'ai pas changé de chaîne et j'ai regardé avec passion évoluer une famille de rats. J'étais fascinée, à ma grande surprise. Pas la moindre trace de dégoût, de peur, de rejet. La terreur d'autrefois n'était plus là. Le plus grand intérêt, la plus belle des attentions face à ces animaux me remplissaient plutôt de douceur.

52
Lien – liens

Je passe et repasse entre mes doigts un ruban soyeux. Je ne me résous pas à le lâcher et le ranger au fond du tiroir où s'entremêlent les autres rubans, ficelles, cordons, lacets de toutes matières, de toutes couleurs, que j'accumule depuis longtemps. J'aime ces attaches qui sans doute ne me serviront pas, mais qui me relient à un moment, à quelqu'un plutôt, à travers l'absence. C'est un fil qui reste près de moi, une lumière que je refuse d'éteindre, un parfum qui me tient en haleine. Sans doute à défaut de savoir maintenir le vrai lien, celui qui malgré la distance et le temps qui s'écoule, garde au chaud les cœurs.

Car voilà, ce lien-là, souvent il m'échappe. Je ne sais pas trop le faire vivre, je ne sais pas comment m'y prendre. Je laisse les lueurs s'évaporer, les contours s'estomper, les ombres s'enfoncer dans le lointain, et je marque toujours un temps d'arrêt au moment des retrouvailles, en particulier avec ceux que j'aime le plus.

Sans doute, n'ai-je pas bien appris. Pourtant, j'ai été à bonne école, j'aurais dû apprendre, car j'ai une fille. Et c'est la plus douée qui soit pour laisser une trace, une lumière derrière elle, un fil ténu, discret, qui ne rappelle pas à l'ordre, mais qui vous accompagne.

Toute petite, elle savait déjà faire. Le matin, nous étions toujours en retard, pas le temps de prendre le temps, un au revoir rapide qui devait faire tenir jusqu'au soir. Je la déposais à l'école, la jetais presque dans les bras de sa maîtresse, et je partais en courant travailler, la tête bourrée comme un agenda.

Et puis, peu à peu, tout au long du jour, et jusqu'au soir, je découvrais les trésors : un pétale de fleur dans mon porte-monnaie, un caillou, une feuille d'arbre, un petit jouet, des morceaux de biscuit dans les poches de mon manteau, des minuscules dessins posés là, un peu partout dans la maison, jusqu'à ce mot écrit en rose sur mon oreiller : « j'aimerais tellement avoir un chat… ».

Elle a grandi. Toujours dans le soin du lien, à ses frères, à son père, à nous tous, amenant de la douceur quand les failles et les menaces d'éclatement se faisaient sentir. Elle en a fait son métier : retrouver le chemin du lien, avec soi-même, avec les autres.

Elle vit dans le lien. Elle caresse les liens autour d'elle, elle les tient dans sa paume, les retresse et les consolide sans les laisser s'échapper. Elle tisse ensemble les quartiers de Paris, les montagnes suisses, les îles lointaines… Elle nous tient tous par le cœur.

53
Edouard

Je revois Edouard, le petit garçon qui ne parvenait pas à s'endormir le soir, qui m'appelait sans cesse dans l'espoir que j'arrive à pacifier tout son être tendu. « Pourquoi la vie est monotone ? » me demandait-il. Je sentais sa détresse, sa colère sous-jacente. Je tentais de le rassurer avec mes pauvres mots. Il avait du mal à l'école, il avait du mal avec son frère et sa sœur, il avait du mal dans sa vie. Il portait de plein fouet, sans pouvoir s'en protéger, la violence qui nous explosait son père et moi.

Il était en colère, sans le savoir, mais pas dans le désespoir. Il mettait toute son énergie et sa curiosité à alimenter sa vie, celle des autres. Aîné d'une bande de cousins qu'il voyait souvent, il organisait des jeux passionnants qui duraient des jours. Regrouper les autres, les entraîner dans un mouvement de bonheur ensemble, voilà ce qu'il aimait.

Je ne l'ai pas remarqué à l'époque. Il jouait, c'était normal. Je n'ai pas vu tout de suite la force de son combat. J'ai compris peu à peu, à le regarder vivre. D'abord, à la descente du car au retour d'un camp scout, la lumière de son regard bleu ardoise s'était décuplée. Il était crasseux, il sentait le feu de bois, son sac débordait de linge mouillé, mais il rayonnait d'un bonheur infini. J'ai compris ce jour-là qu'il était sauvé. Sa vie lui appartenait. Il saurait la vivre.

Cette impression ne m'a pas quittée, mais il fallait faire face aux difficultés. Nous avions mis en place une garde alternée d'une semaine pour nos trois enfants. Cela ne fonctionnait pas, en particulier pour lui qui avait besoin de son père, et de stabilité. Nous avons ensuite séparé la fratrie, lui chez son père, les plus jeunes chez moi, les réunissant tous les week-ends et les vacances. Je le déposais le dimanche soir Boulevard Soult. Je le regardais traverser la rue le cœur en miettes. Il ne se retournait pas. De quoi était-il habité ? Je n'avais pas accès à son monde intérieur.

Puis il fut adolescent. Il était brillant au lycée. Il faisait du scoutisme, heureux de ce principe que les grands portent les petits, que la vie est une aventure à vivre à plusieurs, que le bonheur est une construction. Il est parti à Nantes suivre une formation d'ingénieur. Il a fondé sa famille, une tribu vivante, sans repos, où personne ne cède à la nonchalance. A son travail, il entraîne son équipe dans des défis majeurs, toujours plus loin.

Il tient le fil qui l'anime, fidèle à ce qu'il aime : être ensemble, se battre ensemble, avancer ensemble, réussir le bonheur ensemble. Il honore son prénom qui veut dire « être porteur d'une richesse, la protéger, la partager, la transmettre ».

54
L'automne

L'automne revient à notre insu. Je le sens arriver doucement malgré ses efforts pour ne pas se faire voir, et cela fait mes délices. L'air se met à trembler, la lumière n'est plus aussi franche, la pluie moins bienfaisante et le ciel moins cru. Les jardins resplendissent d'asters et de dahlias, de vert moins vert, de jaunes plus dorés, de parfums plus sucrés. La paix, nourrie de l'été finissant, se pose avec douceur.

Je revois le trottoir mouillé le long du mur de pierres sur le chemin de l'école. Les poiriers laissent pendre par-dessus leurs fruits bientôt mûrs. La veille, j'ai ciré mon cartable et remis dedans mon ardoise et ma trousse. J'ai posé sur le bout de mon lit mes habits et mon tablier neuf, privilège de l'aînée. Et je suis partie dans ce premier matin retrouver mon vrai bonheur. J'aimais l'école. J'aimais aussi ce renouveau qu'étaient pour moi les premiers jours d'automne. La fatigue de l'été, ses longues journées parfois trop vides, la poussière des chemins, le poids sur le cœur s'effaçaient avec la fraîcheur du matin, la rosée sur les herbes qui ne s'évaporait plus. J'aimais l'humidité de la terre, les premières feuilles tombées, les insectes plus agressifs. La vie figée par la torpeur de l'été se mettait à nouveau en mouvement.

Je n'aimerais plus autant l'automne en ville, quelques années plus tard. La lenteur de l'été s'achevait dans la précipitation, et mystérieusement, le temps devenait plus court. Ce n'étaient plus les goûters dehors qui s'éternisent, les promenades en poussette et le toboggan jusqu'au soir. C'était la rentrée, les premiers jours d'école, les inscriptions, l'organisation des mercredis, les habits à racheter. Il fallait accélérer le rythme le soir, démarrer vite le matin, tout cela sans s'énerver. Je ne voyais même plus les hirondelles ou les dernières guêpes, ni les arbres qui s'étiolent, ni les brouillards qui montent. L'automne annonçait juste le temps qui va trop vite, la nuit qui tombe et le froid qui prendra le dessus.

Aujourd'hui l'automne m'enveloppe dans sa douceur et m'offre sa bienveillance. Il s'annonce quand vient le temps de quitter ma maison. Je laisse derrière moi les fenêtres pleines de soleil, les hortensias déjà fanés, les quelques roses et les marguerites encore en boutons. L'herbe est verte de pluie, les frênes et les sycomores bruissent du vent qui se lève. La mer n'est pas encore froide, mais il me faut partir. Je rentre à la ville. J'irai sur un autre chemin d'école, avec mes compotes et mes gâteaux, chercher les petits encore bronzés. On ira au bord du bois, le long du lac, jouer au sable. L'automne aura alors le goût du chocolat, la douceur des cheveux d'enfants, la lumière du soleil dans leurs yeux, la joie vibrante de leurs mains qui dansent dans la mienne.

L'automne, plein des moissons de l'été, souffle sur moi toute sa légèreté et me conduit, ravie, vers les jours finissant au coin des cheminées.

55
La Vigie

A la suite de plusieurs entretiens, je fus engagée pour ce poste que, peu à peu, je m'étais mise à désirer vraiment. Au tout début, j'avais répondu à l'annonce sans y croire. Il s'agissait de reprendre la direction d'un foyer de jeunes filles. Je n'avais aucune expérience dans ce domaine, mais j'ai présenté ma candidature à tout hasard, désireuse de changer d'emploi et de me tester sur le marché du travail. A mesure des entretiens auxquels j'ai été convoquée, je me suis prise au jeu. J'ai intéressé les personnes chargées du recrutement par mon désir d'engagement et mon expérience passée, et le poste m'a été proposé.

J'étais enthousiasmée par le projet de cette maison : un foyer de cent cinquante lits qui accueillait des jeunes filles âgées de dix-huit à vingt-cinq ans venant de tous bords, de toutes origines : des Françaises, de province pour la plupart, et des étrangères de tous les pays du monde, le plus de pays possible, pour la richesse que cela représente. La moitié d'entre elles venaient faire des études : lycées professionnels, bac pro, BTS, classes préparatoires, médecine, écoles de commerce, d'ingénieur, droit, échanges Erasmus, écoles d'art, de cuisine…, le plus varié possible, toujours pour la richesse. L'autre moitié arrivait pour travailler, ou pour chercher un emploi : premier contrat de travail, stage de fin d'études, emplois très précaires… Pour la richesse de la rencontre.

Certaines appartenaient à des familles très aisées, dans tous les sens du terme : aisance financière bien sûr, mais aussi culture et savoir-être. D'autres nous étaient amenées par des associations pour les protéger : mariage forcé en vue, prostitution, toxicomanie… D'autres étaient là pour s'éloigner de leur famille : conflits graves, anorexie, incestes, tentatives de suicide… D'autres encore nous étaient confiées dans le cadre d'un Contrat Jeune Majeur le temps de définir, de mettre en place un projet, le temps de se reconstruire.

C'était un mélange explosif qui ne pouvait tenir que par la qualité de vie que l'on proposait. C'était un vrai lieu de vie. D'ailleurs, elles disaient « je rentre à la maison ». J'avais le cœur en fête lorsque je traversais le jardin qui reliait les bâtiments et que je les entendais parler de la sorte. Nous organisions des tas de choses pour faire vivre cette maison : des débats sur les sujets du moment, des balades, culturelles ou non, des fêtes bien sûr. Je me souviens d'un débat passionnant sur la pratique de l'Islam au lendemain de l'attaque du 11 septembre, entre nos jeunes musulmanes de banlieue issues de la troisième, voire quatrième génération, et les filles de hauts dignitaires des pays du Moyen Orient. Je me souviens de balades en vélo, de guinguettes en guinguettes le long de la Marne un dimanche après-midi. Je me souviens d'un débat animé par nos étudiantes et stagiaires juristes autour de l'Europe au moment du référendum.

Bref, on ne s'arrêtait jamais. Moi en particulier. J'habitais sur place avec deux de mes enfants adolescents, et je travaillais en apnée, souvent dérangée la nuit, pendant des périodes de quinze jours. Puis, je récupérais trois jours sur les falaises normandes, et je replongeais.

Ma mission était de mener cette maison : gestion financière et matérielle, travaux à envisager, à suivre, fournisseurs, lien avec les partenaires du secteur social et médical, suivi des jeunes filles, accompagnement de celles qui me le demandaient, tout cela en liaison avec l'équipe. Car oui, il fallait coordonner l'équipe, faire qu'elle marche ensemble. C'était une équipe, là aussi, des plus disparates, avec des métiers différents, et des motivations différentes. Il me fallait composer avec une comptable célibataire d'un certain âge et sans la moindre indulgence, des jeunes femmes chargées de l'animation et de l'accompagnement social des résidentes, très engagées à gauche et s'adaptant mal au travail d'équipe, un cuisinier bon comme le pain, se faisant remplacer par son jumeau sans que j'arrive à m'en rendre compte, des femmes de ménage africaines appartenant à des ethnies rivales, en conflit permanent avec les femmes de ménage maghrébines, la lingère, d'origine aristocratique, ne se remettant pas de son déclassement, et, au milieu de tout ce monde, un technicien de maintenance, délinquant converti, syndiqué CGT et délégué du personnel. C'était un bel attelage : mouvementé, rétif, parfois tricheur, mais malgré tout généreux. Nous étions au service des jeunes filles résidentes. C'était notre terre commune.

J'ai passé onze ans dans ce foyer. Onze années difficiles, mais onze années de bonheur. Les propriétaires du foyer, des religieuses devenues trop rares, ont passé la main. La maison a été reprise par une très grosse association. Les nouveaux dirigeants ont fait ce qui se fait en pareil cas : ils ont mis un des leurs au poste de direction. A leur demande, je suis partie du jour au lendemain sans même ranger mon bureau.

Je garde en mémoire beaucoup de ces petites. Souvent, j'en revois certaines autour d'un thé, de gâteaux, ou d'un dîner dans Paris. Elles me téléphonent pour un conseil. Elles viennent chez moi, en Normandie, se retrouver, me retrouver.

56
Une parenthèse

C'est un matin d'hiver.

La buée recouvre les carreaux. Je passe mes doigts sur la vitre pour apercevoir le jardin. Le brouillard partout. Seules les branches noires du cerisier émergent du gris et s'égouttent lentement.

C'est mon troisième jour. Troisième jour, seule, dans cette maison qui n'arrive pas à se réchauffer. Troisième jour que je n'ai pas entendu ma voix. Le son de ma voix, je veux dire, parce que ma voix intérieure, elle, murmure sans cesse. Elle me pose des questions, elle tente de répondre, elle me remet dans le juste souvent.

Et cette voix-là, j'avais fini par l'écouter et céder à sa pression : j'avais laissé derrière moi la ville, l'île Saint-Louis, la Vigie et tout ce qui va avec : le va et vient, les uns, les autres, le trop plein du travail, de l'aube à la nuit, parfois jusqu'au cœur de la nuit même, tout ce qui se télescope sans laisser le temps de voir, d'entendre, de s'arrêter, tout ce qui m'épuise.

J'étais partie pour trois jours de césure, et j'étais arrivée dans le froid, dans l'abandonné, dans le laissé pour compte. J'avais tout à ré-apprivoiser pour sentir à nouveau les murs revivre, les livres me faire signe, la lumière se mouvoir au long du jour, et me rejoindre moi-même.

Je n'ai pas allumé la radio. J'ai mangé les sardines du placard. J'ai laissé les journées s'avancer. Il y avait d'abord le silence. J'ai vu très vite que ce n'en était pas un : le bois de l'escalier craque, quelques oiseaux sont restés malgré la saison froide, ils ont leur chant d'hiver. Le vent secoue les hêtres et balance la pluie sur les vitres.

C'est pourtant un silence.

Un silence habité, un vide vivant, qui m'apaise le cœur.

57
Luisa

Les années 2000. La Vigie, magnifique maison sur l'île Saint Louis. On y entre par une porte cochère très lourde dans une rue sous laquelle passe un bras de Seine. Elle s'ouvre sur une cour-jardin encadrée de quatre bâtiments. C'est un foyer où vivent cent cinquante filles entre 18 et 25 ans. Elles viennent de tous les coins du monde, originaires des milieux les plus divers, pour un premier emploi à Paris, un stage, des études, se sortir d'une situation dangereuse, définir un projet ou être protégées. Je dirige cette maison depuis quelques années. Pour une présence constante, j'habite sur place.

Cette maison est une vraie maison. Chacune doit se sentir chez elle, d'autant plus si elle est déracinée, et vivre en harmonie avec les autres, ce qui, à priori, est difficile. Je défends ce projet avec une équipe, souvent sans formation, mais dotée de belles qualités humaines. Il y a du bonheur dans cette maison, des conflits aussi. C'est-à-dire qu'il y a de la vie.

J'aime m'occuper du jardin le dimanche en fin d'après-midi. C'est le moment où les unes et les autres reviennent de week-end, de sortie, de balade, où l'on se sent « rentrer à la maison » et je profite de ces instants précieux. Le soir, après le dîner, je reste un moment dans mon bureau. La lumière allumée, la porte vitrée sur le jardin permet à l'une ou l'autre de venir échanger quelques mots avec moi.

C'est ainsi qu'un soir, Luisa est entrée. Luisa a été placée dans ce foyer par la DDASS. Je ne connais pas toute son histoire. Elle est perdue dans un monde hostile, sans bagage, sans ressources, sans idée de ce qu'elle peut faire d'elle-même. Elle cherche du travail. Du moins, c'est ce qui lui est imposé. Cela ne se passe pas bien avec l'animatrice chargée de l'accompagner, trop d'exigences, trop de révolte. Elle m'en parle. Je l'écoute. Je lui dis que je vais penser à tout ça.

Le lendemain, je vais à la boulangerie juste à côté. Pourraient-ils accueillir Luisa pour une sorte de stage ? Elle ne sait rien faire, même pas respecter les horaires, mais elle est généreuse. La boulangère accepte pour un essai. J'en parle avec Luisa qui est d'accord. Elle commence dès le lendemain.

Le soir de cette première journée, je fais un tour à la salle à manger, comme d'habitude. Je la vois attablée avec quelques autres autour d'un carton plein de gâteaux, les invendus de la journée que la boulangère lui a donnés. Des rires autour de cette table, du bonheur, de la fierté aussi dans le regard de Luisa. Je vais rentrer chez moi plus riche et mesurer ce que je leur dois, à toutes ces filles.

Trois jours plus tard, en milieu de matinée, je cherche une de mes collègues que l'on me dit être dans la « salle-télé ». Et là, devant la télé allumée, je découvre Luisa. Je ne comprends pas, lui demande pourquoi elle n'est pas à la boulangerie. Elle me répond qu'elle ne peut plus, ne veut plus y aller. « Ils me donnent des ordres ! » me dit-elle. « Personne ne me donne des ordres, à moi ! ». Je reste sans voix. Mais pas si surprise. Il va falloir reprendre tout ça. Je l'écoute, comme si elle était dans son bon droit. Je ne veux pas compromettre la suite. J'irai quand même remercier la boulangère.

Luisa a été confiée à une autre animatrice qui, peu à peu, a su créer des liens de confiance. Plusieurs pistes sont explorées et, finalement, Luisa accepte de s'inscrire aux cours de rattrapage scolaire proposés par la mairie. Luisa y retrouve une ancienne camarade qui va l'aider à tenir jusqu'à la fin.

Au mois de Juin, juste avant la dispersion de l'été, un week-end à la mer est organisé auquel elle a participé. Le dimanche soir à son retour elle s'est précipitée sur moi. Eblouie, émerveillée, elle n'avait jamais vu la mer.

58
Le premier matin

Ce fut le premier matin.

Ce sont les mots qui me viennent. Les mots d'un récit. D'un récit de création. Les mots du commencement d'un monde nouveau.

C'était un matin de début d'automne : soleil roux, lumière d'un été saturé, mûr, prêt à donner tout son fruit. Matin d'automne de mon âge aussi. J'ouvrais les yeux sur ma première journée vide, vacante de choses à faire.

La veille avait été mon dernier jour de travail, dernier jour d'un contrat. Contrat de travail bien sûr, mais pas seulement. Ce premier matin était libre de toute forme de lien imposé : depuis toujours, j'avais été soumise à une puissance extérieure qui organisait pour moi le déroulement des heures : mes parents, l'école, la vie de la famille, ma propre famille, mes enfants, le travail, l'écoulement d'une vie au milieu des autres qui me prenait toute entière.

Tout cela venait à son terme ce premier matin. Je me suis levée et mon café a pris alors un goût nouveau et délicieux. La journée s'ouvrait, et à sa suite tous les jours à venir, devant l'espace immense. Une vie nouvelle allait s'inventer. Les impossibles deviendraient possibles. Les désirs enfouis peu à peu referaient surface. Ce qui ne m'avait qu'effleurée faute de temps, faute d'espace, aurait droit de cité. J'avais dans la bouche, dans le cœur, le goût intense d'une liberté sans mesure. Ce premier matin me remplissait de lumière, d'air pur, d'impatience.

Je suis sortie dans la rue, et tout me paraissait autre. Je n'étais plus définie que par moi-même, dépouillée, mais neuve. J'ai marché le long de la Seine. J'ai traversé les ponts. Je me suis assise sur les bancs des jardins. J'avançais dans la journée, dans les ombres des maisons qui s'allongeaient sur les trottoirs. Je croisais des gens, des enfants, solitaires, pressés, en groupe joyeux. Je les regardais, je me sentais des leurs, vivants, très vivants.

59
Avenue d'Italie

J'habite un lieu petit, très petit. Une seule pièce à vrai dire, avec une grande fenêtre qui attire le regard, et donne à respirer, à s'évader.

Je l'ai meublée très sobrement, faute de place bien sûr, mais aussi parce que j'aime le clair, l'aéré, presque le manque.

J'ai cependant installé un grand lit. La logique aurait imposé un canapé-lit, petit, très dépliable, pour que les heures de sommeil soient symboliquement réduites au strict nécessaire, et favoriser ainsi la vie du jour. Et bien non, j'ai un grand lit. Ce n'est pas le confort de la nuit que j'ai privilégié, je peux dormir presque n'importe comment. Non, c'est un carré délimité, un lieu protégé, une cabane en somme, qui participe de ma vie. Logé dans un angle, deux murs l'encadrent. Une dizaine de coussins dans des tissus divers, rêches ou doux, lin et velours, l'éclairent de toutes les couleurs de la forêt d'automne. L'espace que laissent les coussins est très encombré : C'est là que se retrouvent tous ces objets qui me relient à ceux que j'aime, qui m'apportent le monde : des journaux, des livres, des pulls parfois, une écharpe, des dessins, des lettres, des photos qui traînent…

Sur les murs, des bateaux en pleine course dans le vent et la mer démontée. La lumière dans les voiles me remplit le cœur, et je rêve aux grands espaces. Sur le côté d'un placard, j'ai collé, très serrée, toute une collection des visages des miens, instants figés d'événements heureux qui jalonnent le temps qui passe.

Et puis la voix des autres, à travers la radio, ces conversations intimes avec des gens que je ne connais pas, leurs paroles et leurs rêves à travers les livres que je lis, leurs musiques, toutes les musiques.

Des moments s'écoulent, dans un autre temps, un autre rythme. Je reviens sur les choses, les événements, les rencontres, je refais le juste de ce qui a été vécu, j'écoute le dedans, le dehors, je prépare la suite à vivre.

60
La main gauche

« C'est la droite ou c'est la gauche ? »

J'ai deux mains. Ça tombe bien pour deux jumelles ! Elles veulent me tenir la main, chacune la sienne à priori. Mais non, ce n'est pas si simple : c'est la gauche qui a le plus de succès. C'est le mot « gauche » qui leur plaît, c'est pour cela, car elles ne reconnaissent pas leur droite de leur gauche. Elles veulent être sûres de tenir la bonne main : c'est la droite ou c'est la gauche ?

Il me faut trouver des indices, qu'elles vérifient aussitôt, ne me faisant qu'à demi confiance. La gauche, c'est celle de la montre. Ah oui ! Et voilà, on se chamaille, qui sera la première à la saisir ? Il faut alors vanter les mérites de la droite : c'est celle des bracelets, ça sonne, on la repère même dans le noir. Mais la gauche, décidément est la préférée. On la prend, on l'agite, on la caresse, on la retourne, on l'examine : pourquoi elle a des veines qui sortent sur le dessus ? Pourquoi elle bouge tout le temps, elle serre, elle desserre ? Pourquoi l'annulaire est tordu ? Ah oui, pourquoi il est tordu ? Il s'est déformé dans ma bouche, je l'ai trop sucé petite, il s'est adapté à mon palais, il est resté comme ça.

Ce qu'elles ne savent pas, c'est qu'il a porté une alliance. Je l'ai perdue, l'alliance. Je l'avais posée sur la table en buvant mon café du matin. Et puis, j'ai secoué la nappe par la fenêtre. J'ai passé une heure dans la cour en bas, à chercher, sans succès. Mais c'était il y a longtemps, bien avant que leur père soit né.

61
Un travail

L'après-midi avançait vers sa fin. La plage était déserte. Je m'étais assise au milieu des galets et à force de bouger, m'étais creusée comme une niche à peu près confortable. Je rêvassais dans le plus grand calme. J'observais la lumière mouvante sur la mer, les coulées de terre rouge sur la craie des falaises, les traînées d'opale et d'anthracite courant sur l'eau à l'horizon. Toute mon attention était prise par la redécouverte de ce lieu si connu. Non, pas toute cependant. Me parvenait en toile de fond l'activité intense du petit garçon d'à peine deux ans que j'accompagnais.

Je l'entendais bouger, se lever, s'asseoir, sortir du sac de toile tous les jouets les uns après les autres, les éparpiller, et tout commenter dans son langage propre. Puis, il se mettait à ranger : pas seulement les jouets mais les algues sèches, les coquillages, les cailloux, les bouts de bois rejetés par la mer. J'observais le ciel, les oiseaux marins quelque peu énervés à cette heure du jour pourtant si paisible.

Un bruit mat m'a tout à coup sortie de ma rêverie. Le choc d'un galet sur un autre, le choc d'une pierre qu'on laisse tomber à quelques centimètres de moi. Et puis le souffle, l'expiration qui accompagne l'effort, l'effort intense. J'ai tourné les yeux vers le petit, tout près de moi. Il me fixait, debout, droit dans le soleil, les yeux pleins de fierté. Il s'est retourné tout à coup et s'est mis à descendre la plage, jusqu'aux vagues. Il a pris alors un deuxième galet, lourd, trop lourd pour lui, et a tenté de remonter la plage vers moi avec son fardeau. Son entreprise était difficile, il ne gardait pas l'équilibre sur ce sol inégal. Il buttait, tombait, se relevait, reprenait son caillou, et montait à l'assaut des galets, jusqu'à l'endroit où il avait posé sa première pierre. Puis il recommença, ainsi de suite. Il s'était donné la charge de remonter tous les galets que les vagues, qui avançaient, commençaient à mouiller. Je l'observais, médusée. Il ne lâchait rien, il tombait, ramassait son galet, reprenait sa marche difficile, pleurait par moments, à peine. Je l'appelais, lui demandais de rester près de moi, rien à faire, il persévérait. Je me suis levée, je suis allée vers lui pour l'aider, mais il ne voulait rien savoir : il remonterait toute la plage au pied de la falaise. Je me suis assise à nouveau, passionnée par sa ténacité, et m'est venue cette phrase étrange : « il faut imaginer Sisyphe heureux ».

62
Bernadette

Des filets d'or et d'argent fondus, entre l'épaisseur obscure des nuages, annoncent le soir qui vient. C'est une lumière d'hiver. La maison au bout du chemin, derrière chez moi, en est toute baignée. Elle vit encore malgré son abandon depuis que Samuel est parti à l'hôpital et n'en est pas revenu. Ses héritiers ne sont pas d'accord, il n'y a donc pas d'acquéreurs, et la maison se languit. Le temps l'attaque depuis que les lampes ne sont plus allumées, que le poêle reste froid, qu'on n'y fait plus la cuisine et que les chats sont partis.

Souvent, quand Samuel était au travail, j'allais rendre visite à Bernadette, sa mère. C'était au temps où elle était encore là. Bernadette ne bougeait plus beaucoup. Ses jambes, enflées, la faisaient souffrir. A la belle saison, la porte restait ouverte sur les rangées de légumes, le lilas et l'unique rosier appuyé contre la barrière.

Du jardin, il ne reste qu'un carré d'herbes hautes. Seul résiste en pleine santé un chèvrefeuille, ancienne bouture que Samuel avait prélevée sur le mien et plantée contre sa boîte aux lettres.

Bernadette me voyait arriver dès que je poussais la barrière. Elle restait toute la journée assise à la table de la cuisine, face à la porte et à la fenêtre. Elle m'accueillait, souriante, dans son univers. Derrière elle, un buffet couvert de photos les unes contre les autres : une jeune fille brune, un soldat accroupi, des palmiers en arrière-fond, une mariée assise tenant la main de son jeune époux, des enfants bien coiffés photographiés à l'école. Elle portait une blouse de coton à fleurs, les pieds débordant de ses charentaises tailladées aux ciseaux pour soulager les zones douloureuses. Ses mains, gonflées et transparentes, reposaient inutiles sur la toile cirée. Son alliance s'enfonçait dans la chair de ses doigts.

Quand j'arrivais, les chats se déplaçaient, sautaient sur la table, redescendaient en hâte, s'agrippaient à son épaule en signe d'appropriation : je les dérangeais. Bernadette sortait pour moi une tasse et me versait un café tenu au chaud sur le poêle. Nous parlions, avec des silences, dans la douceur de l'après-midi.

La cuisine donnait sur la chambre dont la porte ne fermait plus. Elle m'avait invitée, une fois, à y entrer pour me montrer la collection qui faisait sa fierté : une multitude de poupées aux habits chatoyants qu'elle avait gagnées à la foire pendant des dizaines d'années. Elles recouvraient presque entièrement la fausse fourrure de son lit. Plus jeune, elle aimait faire de la tapisserie : des scènes de chasse, des cerfs au fond des bois, des chiots, des chatons brodés au point de croix décoraient tout le tour de la cheminée. Elle me parlait de son enfance, de la misère dans une famille de pêcheurs où chaque année amenait un enfant de plus, de l'autorité de sa mère qui tenait tout ce monde-là pendant que le père était à la pêche à Terre-Neuve.

Puis, je sentais la fatigue la gagner. Je lavais ma tasse et l'embrassais jusqu'à la prochaine fois. Je traversais son jardin, les graviers crissaient sous mes pas, la barrière se refermait sur le silence et la lenteur du temps.

63
Louise à la ludothèque

Cet après-midi-là, il se mit à pleuvoir. Je me trouvai démunie tout à coup : mon idée d'emmener Louise faire le tour du lac en trottinette tombait à l'eau, c'est le cas de le dire. Elle vint à mon aide, elle voulait aller à la ludothèque. Je n'avais jamais mis les pieds dans une ludothèque. Je ne voyais pas trop l'intérêt d'y passer l'après-midi. Mais bon. Je l'ai emmenée.

Nous sommes entrées dans une immense salle, assez remplie d'enfants turbulents, aménagée d'espaces de jeux variés. Tout naturellement, elle a rejoint un groupe de garçons autour d'un jeu de construction. Je n'étais pas surprise. Elle ne rêve que de super héros, déteste le rose et le violet, ne veut s'habiller qu'en survêtement, et a écrit au Père Noël que le plus beau cadeau serait qu'elle soit un garçon, comme Peter Parker.

Je me suis assise dans un coin, à regarder tout ce petit monde s'affairer. Je rêvais plus ou moins, à moitié engourdie par la chaleur ambiante. J'ai vu tout à coup ma petite fille s'énerver. Elle s'est mise debout, violemment, et a détruit la construction à coups de pieds. Son compagnon, lui aussi hors de lui, l'a bousculée et l'a fait sortir du jeu. Les autres garçons, figés, se taisaient. Et j'ai vu ma Louise se redresser, respirer fort, et s'en aller d'une allure de reine vers l'autre bout de la pièce. Je n'ai pas bougé, elle ne m'a pas regardée. Il semblait même qu'elle m'ait oubliée. Elle est allée droit vers le coin des poupées. Une vraie maison : cuisine avec vaisselle, biberon, chauffe-biberon, chambre, berceau, table à langer, caisse à vêtements, à jouets pour poupées, table et fer à repasser, machine à laver… l'appartement tout équipé rêvé.

Je m'occupe de Louise depuis qu'elle est née. Je ne l'ai jamais vue jouer à la poupée contrairement à sa sœur jumelle. Je l'observais, d'autant plus intéressée. Elle a commencé par ranger tout l'espace, remettre chaque chose à sa place. Je la regardais médusée. Elle a pris le bébé, lui a parlé tout doucement, l'a mis en pyjama, lui a donné un doudou et l'a couché en lui expliquant quelque chose que je n'entendais pas. Elle a mis le biberon dans le chauffe-biberon et a rempli de linge la machine à laver. Elle a levé le bébé, lui a donné le biberon, insistant pour qu'il finisse. Elle l'a reposé dans son lit, et s'est mis à repasser, avec des gestes très professionnels, un savoir-faire dans le pliage du linge. Elle a rangé les vêtements dans l'armoire, a lavé le biberon, s'interrompant pour prendre le bébé qui sans doute pleurait. Son visage était grave, concentré, tendre et si doux quand elle lui parlait. Je découvrais Louise, Louise l'inattendue, Louise la guerrière, Louise Superman, Louise dont la passion avouée est le football et qui n'attend qu'une chose : la sortie de Star Wars 7.

La responsable de la ludothèque a interrompu son jeu. C'était l'heure de la fermeture. Louise, à regret, a laissé tout en plan et s'est alors souvenue de moi. Elle m'a cherchée du regard, à nouveau changée en presque garçon.

64
Balancement

Ecrire sur le balancement, le mouvement de balancier. Comment cette idée m'est-elle venue ? Pourquoi ? Je n'ai pas compris tout de suite. Et puis, cela m'a sauté aux yeux : l'oscillation, le balancier du métronome, ou celui du disque doré de l'horloge qui à la fois marque le temps et passe d'un extrême à l'autre, c'est l'histoire de ma vie.

Je ne le savais pas au départ, mais peu à peu, cela s'est confirmé, me laissant ébahie de constater que le balancement restait le fil conducteur des périodes de ma vie pourtant si différentes. J'écris cela, mais ni mon enfance ni mon adolescence ne sont concernées. Ces étapes-là me semblaient plutôt l'antichambre d'autre chose, l'attente d'un mouvement justement. Non, le balancement commença avec l'âge adulte : le plein, le trop plein, et puis le délié, le vide. Je me suis toujours demandé comment vivre le plein, tout le plein, sans en perdre la moitié. Comment vivre le vide, y atterrir, y trouver un contenu. Comment traverser cette violence du passage de l'un à l'autre.

Les choses ont commencé quand, mes enfants petits, leur père et moi avons mis en place une garde alternée : une semaine les enfants, une semaine l'absence. L'absence, cela veut dire l'attente. Cela veut dire tenter d'exister par soi-même, pour soi-même. Le retour, cela veut dire rattraper. Rattraper le manque, gommer l'irrémédiablement perdu, réinstaller la vie, le lien au jour le jour, malgré l'ombre de l'échéance, le départ qui se rapproche. Le balancier, le disque d'or est en mouvement, tranchant, sans affect, menaçant, inexorable.

Les enfants, chacun leur tour et presque en même temps, sont partis dans leur propre vie. Pas très loin, avec encore des allers et retours, des arrivées, des départs, des distances, des rapprochements pas forcément géographiques. Un autre univers s'est ouvert à moi. J'ai pris la direction d'un foyer de jeunes filles. Il y avait tout à faire, avec une toute petite équipe, pour que dans ce lieu la vie soit possible, la vie soit bienfaisante. J'habitais dans cette maison : une présence jour et nuit par périodes de quinze jours. Le plein, le très plein. Puis le vide, très vide censé être du repos. L'attente du repos, puis le calme, la solitude à réapprivoiser. Je partais du cœur de la ville vers mon village du bord de mer, dans ma maison de pêcheur acquise à cette époque. Là encore le mouvement du métronome se mettait en route entre la fourmilière vibrante, toutes ces chacunes à accompagner, à soutenir, à conforter, et le silence qui tout à coup coulait sur moi et me ravageait comme la mer sur les galets, rageuse et obstinée. Je repartais ensuite, déchirée de partir, impatiente d'être partie, dans le mouvement toujours.

Cela a duré un peu plus de dix ans. Puis j'ai dû quitter le foyer, cette vie devrais-je dire. Le pendule s'est bloqué à l'arrêt, plus de mouvement.

Pourtant le balancement allait reprendre. Je m'étais installée chez moi, en Normandie, n'ayant plus qu'une chambre à Paris. C'est alors que les petites ont eu besoin de moi : pas de mode de garde pour deux jumelles dont la vie démarrait difficilement.

J'ai pris le train, toutes les semaines, immobile dans le mouvement, à traverser la banlieue, à longer la Seine, ses falaises de craie boisées et ses gravières, jusqu'aux ponts de Rouen, puis la plaine de Caux où le vent ne s'arrête que dans les lignes de hêtres. Une fois dans un sens, une fois dans l'autre. Juste le temps de passer d'une maison à l'autre, d'une lumière à l'autre, des rues de la ville au ciel immense noyé dans la mer, du temps habité au silence solitaire.

L'espace clos du train et son bercement, l'immensité du ciel que je contemplais par la fenêtre, sa lumière tantôt plongée dans la Seine, tantôt hachée par les rangées d'arbres, me donnaient juste le temps de reprendre mon souffle, de renouer les fils, de tisser un maillage souple pour tenter d'unifier dans un mouvement linéaire les oscillations extrêmes dont j'étais l'objet, et leur redonner sens.

65
Les bracelets

Ma main droite ne saurait vivre sans les anneaux d'argent qui la suivent nuit et jour. Ils ont leur histoire propre et se sont adoptés par force.

Les deux plus anciens m'accompagnent depuis quarante ans. J'en avais acheté trois sur un étal de fortune au fin fond de la brousse malgache. Ma fille en rêvait, bébé elle s'était fait les gencives dessus, j'ai fini par lui en prêter un que je n'ai jamais retrouvé. Je l'ai remplacé un jour que je flânai dans les rues du Marais. Et puis la série s'est complétée de cadeau en cadeau. Le dernier arrivé a toute mon affection. Je l'ai acheté pour l'aînée de mes petites filles. Puis je me suis ravisée. J'en trouverais un autre pour elle qu'elle aimerait davantage. Celui-là je l'ai gardé, mais c'est le sien.

Ensemble, mes bracelets vivent leur vie. Ma main ne peut s'en passer : elle devient orpheline dès lors qu'elle se trouve allégée et silencieuse, je ne me reconnais plus, et cherche d'emblée d'où me vient ce sentiment d'étrangeté, de vide auquel il convient de remédier aussitôt. J'enfile à nouveau les anneaux que j'avais posés là, le temps de peindre un plafond, de plonger un linge dans l'eau de Javel.

Je me retrouve alors, en entier. Je peux à nouveau jouer avec les petits, leur prêter ma main telle un hochet, et, discrètement, tout le monde sait dans quelle pièce je me trouve.

J'ai tenté de les changer de côté pour éviter le cliquetis de la main glissant sur le papier au rythme de l'écriture. Mais je n'ai pas tenu. Ma main droite se désespérait.

66
Dans le bus 91

L'atelier s'était terminé vers 13h. Il me fallait rentrer chez moi, sans pouvoir prendre le métro en pleine grève des transports. J'ai traversé le boulevard Magenta pour tenter de trouver un des rares bus qui pourrait m'emmener vers le sud et me rapprocher de la place d'Italie. A l'angle d'une rue j'ai rejoint une dizaine de personnes qui attendaient l'arrivée, imminente m'a-t-on dit, du bus qui mènerait à la République, puis la gare de Lyon vers les Gobelins. J'ai attendu, prenant mon parti, avec les autres dont certains déjà perdaient patience. Nous avons pu enfin, tous, nous entasser dans ce bus bienvenu.

Hélas, je n'étais pas sur le point d'arriver chez moi. Paris était coincé, immobilisé et figé dans un gigantesque embouteillage. J'ai réussi, lors d'un arrêt, à accéder à une place assise contre une vitre. Plongée dans une pensée lente, j'avais tout le loisir d'observer Paris, ses immeubles, ses boutiques, ses passants dans la lumière poussiéreuse du milieu du jour.

Nous sommes parvenus, à force de courtes avancées et de soupirs d'impatience, à la place Valhubert, entre la gare d'Austerlitz et le Jardin des Plantes. Là, le bus s'est immobilisé. Impossible de dégager le nœud de véhicules agglomérés en tous sens. Je regardais le Mac Do à l'angle de la rue Buffon devant lequel nous étions arrêtés. Je revoyais ce lieu trente ans plus tôt. La pensée molle qui m'habitait s'est muée en émotion forte. Dans une vitesse vertigineuse, a défilé devant moi toutes ces années. Le Mac Do, à cette époque, était un café. Un endroit confortable, aux lumières chaudes, qui donnaient envie de s'y installer. J'y étais d'ailleurs venue.

Ce soir-là, je sortais d'une réunion de travail qui s'était éternisée, non loin de la place Jussieu. François, qui rentrait chez lui en voiture, m'a proposé de me déposer chez moi. J'habitais à l'époque en haut des Gobelins. Il nous fallait rejoindre le quai Saint Bernard pour ensuite remonter vers le sud. Arrivés à l'entrée du boulevard de l'Hôpital, sans me consulter, François a garé sa voiture. Nous étions devant ce café et nous y sommes entrés.

Lui et moi étions collègues de travail dans l'association qu'il dirigeait. J'étais responsable d'un des deux secteurs d'activité. Nous aimions bien travailler ensemble, partageant les mêmes idées, les mêmes valeurs à défendre. Nous étions complémentaires dans nos manières d'envisager les choses à faire et les projets à développer. Nous nous entendions bien. Mais ce soir-là, quelque chose s'est produit. Dans ce café, ce n'est pas la réunion que nous avons commentée, pas les projets ni le travail à venir que nous avons abordés selon notre habitude. C'est lui, son histoire, sa vie, et c'est moi, ce que je pouvais en dire, qui nous a réunis. Peu importait l'heure, la nuit qui s'avançait. Nous étions hors du temps, tout à la découverte qui, d'un coup, nous éclairait chacun d'un nouveau sens. A la suite de cette soirée, d'année en année, pendant plus de vingt ans, nous nous sommes accompagnés, jusqu'à la maladie qui nous a privés l'un de l'autre.

Le bus a redémarré, quelques mètres au ralenti, puis peu à peu, a repris sa course.

Je n'étais plus pressée de rentrer chez moi, envahie par toutes ces images de tant d'années qui me défilaient dans le cœur.

67
Un retour

Pendant des années j'ai passé une partie de l'été avec mes trois enfants dans un village des Alpes, au nord du Mercantour, au bord d'un col versant sur l'Italie. Je partais seule au volant de ma Volkswagen jusqu'à Valence où j'avais rendez-vous au buffet de la gare. J'y retrouvais mes enfants, tout bronzés du soleil des Cévennes, que leur père accompagnait jusque-là. On s'entassait dans la coccinelle et on repartait pour la suite du voyage.

La première fois, mon dernier fils quittait la maternelle et l'aîné allait rentrer en sixième. Cela a duré dix ans. La onzième année, j'ai subi une intervention chirurgicale pendant l'été, l'année suivante j'ai changé de travail et dès lors mes vacances ont été fractionnées en périodes trop courtes pour partir aussi loin. Mes enfants ont grandi, ils avaient leurs propres projets de vacances, ailleurs.

Je ne suis plus retournée dans ce lieu que j'aimais tant, où le bonheur avait été si grand. C'était un village de quelques grosses maisons groupées dans un replat d'alpage, à deux mille mètres d'altitude, au cœur d'un cirque de sommets rocheux, ouvert à l'Est vers l'Italie, traversé par un torrent sauvage qui, plus bas, se jetait dans l'Ubaye.

Je louais l'appartement du berger à l'étage d'une ferme au bas du village. On traversait la grange pour y accéder dans l'odeur du foin et des moutons, pourtant partis pour l'estive. Je retrouvais tous les ans mes amis et leurs enfants.

Nous nous levions très tôt, un jour sur deux, pour partir en montagne. Le lever, à la pointe du jour, était difficile. Il fallait tirer les enfants du lit, les bousculer et sortir dans le froid, pas toujours dans la bonne humeur. Mais le soleil se levait assez vite, la lumière passait la montagne, et nous inondait le cœur. Nous aimions alors être ensemble, suivre les sentiers dans les bois, les prés, puis les éboulis de roche jusqu'au point de vue qui nous coupait le souffle. On poursuivait la montée pour se poser sur les rives d'un lac, dans un creux de rocher ensoleillé, et l'on se taillait des tranches épaisses de pain et de saucisson.

Le lendemain, on ne marchait pas. On restait au village, on grillait des saucisses au bord du torrent. Les petits construisaient des barrages, creusaient des piscines. Nous, les grands, on repensait le monde, indéfiniment, autour d'un thermos de café.

J'étais heureuse de vivre tout cela avec mes enfants, de leur donner ce que je préférais, de les entraîner avec moi.

Je ne suis plus retournée dans ce pays jusqu'à l'année dernière.

Et voilà que l'été dernier deux de mes enfants ont décidé de passer des vacances ensemble. Ils ont loué un gîte pas très loin de ce village. Et puis, ils m'ont emmenée.

Nous avons repris la route que nous aimions tant autrefois : le Morvan, la Bourgogne, la vallée du Rhône, très vite par l'autoroute. A nouveau, une bouffée de bonheur quand on s'est approché de Grenoble, puis du Vercors, jusqu'à Gap. Ensuite, la montagne, le barrage de Serre-Ponçon, et enfin toute la vallée de l'Ubaye, jusqu'en haut. Rien n'avait changé : les villages, les routes en lacets, les talus, les arbres, les vallées qui s'ouvrent, les lumières, les noms que l'on retrouvait…

J'étais dans la voiture, mais je ne conduisais pas. Ils s'arrêtaient de temps à autre, mais je ne le décidais pas. Nous sommes arrivés, nous avons installé la maison, j'y contribuais, mais leur laissais tout organiser.

J'avais dans le cœur mes enfants petits. J'avais devant les yeux des adultes, parents eux-mêmes. Ils m'étaient presque inconnus.

C'était pourtant les mêmes personnes. Les mêmes ? Je ne sais pas. Proches, très proches. Dans une distance qui me semblait infranchissable pourtant.

68
La Fontaine Médicis

Il y a quelques jours, j'ai appris le décès du chanteur Kabyle Idir. Je l'ai connu dans les années quatre-vingt. Je travaillais alors dans une association dont l'objet était de promouvoir les cultures de l'immigration, en particulier celles du Maghreb et de l'Afrique Noire, et aussi celles issues de l'immigration, des enfants nés en France. François, le directeur qui m'a embauchée, et moi avons formé dans ce cadre un duo formidable.

Idir, la Kabylie, l'Algérie m'ont ramenée à cet après-midi d'octobre où, François et moi, avions arpenté les allées du Jardin du Luxembourg, pour finir par nous poser au bord de la Fontaine Médicis. Renversée dans mon fauteuil, je plongeais les yeux dans les feuilles de platane bruissant dans le vent et le soleil. Quelques – unes, de temps à autre, tombaient en gouttes d'or sur l'eau noire, et dérivaient lentement dans le sillage des canards. Nous parlions de l'Algérie. La guerre, terminée depuis longtemps et oubliée pour nombre de Français, laissait ouvertes des plaies vivantes, que nous percevions sans cesse dans l'univers de notre travail.

François appartenait à la génération envoyée se battre en Algérie. Je me suis mise à lui poser des questions, inculte que j'étais du déroulé de cette guerre. Je voulais connaître son expérience personnelle. Après un temps de silence, il m'a dit qu'il n'avait pas combattu en Algérie. J'étais étonnée, et je l'ai alors pressé de questions. Il a fini par me dire qu'il n'avait pas répondu à l'appel, qu'il s'était enfui.

Après la deuxième guerre mondiale, en vue de reconstruire une paix durable, ont été mis en place des échanges culturels entre jeunes Allemands et Français. Son lycée avait accueilli quelques élèves allemands. Il était resté en lien avec une jeune fille de ce groupe. Quand il a reçu sa lettre d'appel à rejoindre un contingent pour l'Algérie, il s'est précipité pour prendre un train de nuit et rejoindre cette jeune fille qui l'a caché dans la cave, à l'insu de ses parents. La guerre terminée, il est rentré en France et a rejoint un groupe d'amis qui militaient en faveur de l'objection de conscience.

Il me racontait tout cela, et je le croyais à moitié, trouvant l'histoire trop romanesque. J'ai compris qu'il disait vrai quelques mois plus tard, quand il m'a demandé de cacher chez moi un opposant politique au régime chilien. J'ai accueilli ce garçon plusieurs semaines, en secret, ne sachant rien de ce qu'il faisait dans Paris et ne connaissant même pas son vrai prénom.

J'ai appris à cette occasion que depuis longtemps François cachait régulièrement chez lui des gens très recherchés par les réseaux des dictatures latino-américaines pour leurs activités d'opposition à ces régimes. François, outre ses fonctions de directeur d'association, maintenait toujours son activité de journaliste au service de l'aile la plus à gauche de l'Eglise Protestante.

Je regardais les taches de soleil dans l'eau immobile de la Fontaine. J'écoutais sa voix, entrecoupée de silences. Je comprenais que mon attachement pour lui ne pourrait que se renforcer.

69
Le rendez-vous

Dimanche matin. Pluie battante. J'attends sur le trottoir, à l'angle du boulevard Diderot, au pied du feu rouge. Florence et moi avons prévu de rejoindre pour la journée notre mère dans la maison de notre enfance et de notre adolescence. J'attends, mais elle ne vient pas. Je finis par entrer dans le café derrière moi et m'installe à une petite table contre la vitre. La lumière douce, les bruits feutrés de ce lieu presque désert, la chaleur qui me revient, m'entraînent dans cette maison, avec elle.

Je sortais de l'enfance, elle y était encore. Je la regardais, au milieu des autres. Parfois, elle restait indécise, sans rien dire, comme dans l'attente d'un espace dont elle pourrait s'emparer, cherchant sa place parmi nous depuis toujours. Souvent, elle s'asseyait sur le châssis de la fenêtre, et restait sans bouger à regarder dehors. Je la revois encore ramener sa main fermée souplement sur elle-même, à son insu, jusqu'à sa bouche, et frôler ses lèvres de son pouce, ébauche de l'ancien geste consolateur. Je la revois, plus grande, descendre l'escalier en courant : elle allait chercher un chiffon et du produit à vitre dans l'arrière-cuisine, quand elle avait décidé de s'attaquer à la fenêtre du premier.

Elle se croit, elle se sent oubliée parfois. Je la revois à table, au salon avec nous tous. Elle est absente, le regard perdu, très loin. Puis elle remonte au créneau, violente, si vivante. Elle est chanteuse d'Art Lyrique. Sa voix est comme elle : puissante et fragile, légère et grave, claire et brisée. Elle soutient, elle rassure, mieux que quiconque. Mais elle rejette aussi, comme personne, c'est selon.

Je la revois avancer à grandes enjambées sur le sentier, les poings crispés dans les poches, faisant voler à chaque pas des brassées de feuilles mortes. Je n'arrivais pas à la suivre.

Et soudain, dans la pluie oblique je vois sa voiture arriver en trombe et freiner brusquement au feu rouge. Je me précipite, ouvre la portière et m'installe près d'elle, heureuse de la retrouver. Elle m'accueille, pleine de vivacité, et enclenche la première aussitôt. On se demande des nouvelles. Elle rentre des Etats – Unis où elle a passé quelques jours avec ses filles qui vivent là-bas. Je pose des questions, elle me raconte leurs vies, elle m'explique leurs projets. Je parle de moi. Elle me parle d'elle. Imperceptiblement, elle hausse la voix.

Elle conduit dangereusement. Elle ne respecte ni les vitesses, ni les règles élémentaires. Je sens que quelque chose se mobilise, se tend en elle. C'est une colère sourde, sans objet, qui monte en elle. Une colère ancienne, apprivoisée, bien tapie, qui par moments se réveille et fait surface. Je parle à peine. Je contiens en moi ce qui m'explose le cœur : Comment pourrais-je porter cela ? Mais comment ne pas le porter ?

70
Le portique

Août 2016, une pelouse en Ardèche. A l'horizon, les premières montagnes cévenoles. Planté dans l'herbe, un portique couvert d'enfants agrippés aux barres de fer, aux agrès, en équilibre. C'est la photographie agrandie de mes petits-enfants que j'ai mise au mur, une joyeuse tribu qui embellit mes jours. Les voilà tous, éclatant de vie dans cet instant. Je me souviens, nous étions encore à table, à traîner devant un dernier café. Ils s'étaient échappés à peine le dessert avalé. Ils avaient couru vers le portique dans le soulagement de la liberté retrouvée. Je les avais suivis, désireuse de saisir la chance de les avoir tous ensemble.

Je les regarde aujourd'hui, sur le mur, entre ma chambre et l'escalier, en me réjouissant du jour où je vais les retrouver, non plus figés dans l'instant, mais vivants de leur pleine vie.

Debout sur la plus haute barre, Donatien, triomphant, lève le poing et crie dans un mouvement de chef de clan. C'est lui qui entraîne les autres dans ses idées d'aventures, de découvertes, d'expériences « scientifiques ». Il rêve de cabanes, d'explorations en vélo, de feux dans la nuit, de concours gagnés et d'amitiés partagées. La vie est vaste : apprendre, découvrir, expérimenter, voilà le sel qui donne bon goût. Oui, je vois tout cela dans son regard, dans son corps tendu au plus haut du portique. En dessous de lui, debout entre le toboggan et une balançoire, Apolline. Elle est encore dans l'enfance malgré ses quatorze ans. Elle se tient droite sur ses jambes. Droite, c'est bien elle. Droite en elle, décidée dans son regard qui va loin, dans sa voix douce et ferme, dans ses paroles sobres, parfois rares. Elle est à l'image de son violoncelle : grave, concentrée sur sa propre partition qu'elle joue avec talent. Le chemin s'éclaire devant elle. Elle avance, sans rien qui la freine, heureuse et silencieuse. Sur la photo, elle sourit légèrement. Elle porte sur ses épaules le plus petit, Antoine. Elle lui tient les chevilles, il sort à peine son pouce de la bouche. Il observe la photographe, sérieux, un peu en retrait, comme un petit qui aujourd'hui ne fera pas la sieste, quelle chance, mais à qui cela manque déjà. Le bébé en lui n'a pas complètement disparu. Il n'a pas encore le goût des chevaux et des justiciers, il n'a pas encore rencontré Zorro.

Sur la balançoire double, Hippolyte et Louise. Leur sourire éclatant, leur bras droit levé, ils appellent à les rejoindre. Hippolyte a son beau visage des jours heureux. J'aime parler avec lui, il m'apprend une foule de choses, sur les Romains, les Grecs, les dieux et les héros de l'Histoire. On le croit distrait, perdu dans ses rêves, dans son monde intérieur, on croit qu'il n'est pas là, et voilà que rien ne lui échappe, que tout se grave en lui, se relie, s'harmonise, et, de manière inattendue, il vous redonne tout ça. Face à lui, Louise, en short, les cuisses musclées. C'est encore l'époque où elle ne veut pas entendre parler de robe. Tout son corps montre son agilité, son goût du mouvement, de la performance physique. Elle tourne vers moi son beau regard lumineux, le regard décidé de celle qui sera « pompière », le regard tendre de celle qui aime les loups, qui ne peut pas croire qu'ils soient méchants.

Sa blondeur dans le soleil fait écho à celle de sa sœur jumelle, Romane, sur l'autre balançoire. Romane a un corps de danseuse, tout en grâce et en souplesse. Elle porte une robe bleue, légère, longue jusqu'aux chevilles. Elle aime les bijoux, elle en porte, elle en fabrique. Elle fait des cadeaux, des beaux cailloux coloriés, des perles assemblées, des messages secrets, plein de choses précieuses enveloppées avec soin. J'en ai des boîtes remplies : ses cadeaux à elle, ceux des autres aussi. Car tous ont l'art des cadeaux d'une valeur inestimable. Cléophas, sur le toboggan, arrête sa course pour la photo. Son mouvement est figé, pourtant toute sa vivacité, son enthousiasme sont là. Je revois une autre photo de lui, le visage radieux, les bras levés en signe de victoire, en signe d'accueil. L'accueil, c'est son talent. Il sait recevoir ce qui lui est donné. Toute sa joie de vivre est dans ses yeux, son cœur grand ouvert plonge dans le nôtre.

La belle vie qui s'offre à tous ces enfants, la belle vie qu'ils saisissent sans rien laisser de côté, la belle vie qu'ils nous donnent à vivre ! Je les regarde tous les sept. Je respire à pleins poumons la joie qu'ils ont à exister. Non, pas tous les sept, mais tous les huit, car il manque sur la photo la petite Olivia qui dormait, au calme dans son landau, à l'ombre des feuillages. On ne soupçonnait pas, alors, la passion qu'elle aurait pour Minnie Mouse, ni son goût des farces et des blagues. On ne chavirait pas encore devant ses larmes soudaines tout aussitôt évaporées par son rire joyeux. Et le soir, au retour de la crèche, la porte à peine ouverte, on ne l'entendait pas encore appeler de sa petite voix rauque : « papa, est-ce que tu es là ? ».

71
Une photo

J'avais dans mon téléphone une photo qui a disparu dans un geste malheureux. Je le regrette. Je ne retrouverai pas non plus les deux personnages que l'on y voit, sur le banc de bois de mon jardin, perdus eux aussi dans la nuée des années passées.

Un banc de bois, gris de pluies normandes, adossé à un mur couvert de chèvrefeuille en fleurs. Le chèvrefeuille non plus je ne le reverrai pas. Ma voisine est venue le couper parce qu'il envahissait sa haie. Je n'ai rien dit, malgré le choc ressenti, préférant le bon voisinage à l'habit parfumé de mon mur.

Un couple est assis sur ce banc, dans la douceur d'une soirée d'été. L'heure est au calme. Ils ne parlent pas. Ce n'est pas qu'ils se taisent pour regarder le photographe, non, c'est que l'instant n'est pas aux mots. Ils goûtent le bien-être de cette fin d'été, la grâce d'être ensemble.

Lui, la jambe droite sur la jambe gauche, les doigts croisés pour tenir le genou, le buste un peu penché, il regarde le photographe d'un air concentré, un sourire lointain sur les lèvres. Il semble bien, et pas bien. Il profite du moment sans y être vraiment, comme dans une parenthèse hors du temps, comme suspendu entre deux vides. Une légère forme de souffrance s'inscrit sur son visage : il a perdu l'avant, et l'après lui est inconnu. Il a perdu le fil qui sous-tend sa vie. La maladie, imperceptiblement s'est installée. A côté de lui, c'est elle. Pantalon rouge, pull bleu marine, celui qu'elle aime, qu'elle avait acheté à Roscoff. Les jambes croisées, une main dans une poche, l'autre à plat sur le dessus du genou. Elle regarde le photographe. Tout son corps semble mou, sans ressort, ses épaules tombent un peu. Elle sourit vaguement, pas franchement. Le moment est à la détente, à l'apaisement, au silence, mais la tension, sournoise, lui prend le visage.

Les heures chaudes de l'été, la lumière de cette fin de journée, les parfums du jardin, les oiseaux qui reprennent leur chant, tout est encore là. Lui aussi est encore là. Et c'est bon à vivre. Mais tout au fond, elle sent déjà le déclin : l'automne à venir, les froidures prochaines, le silence en forme d'absence qui s'installera entre eux, comme un voile qui tombe lentement. Oui, son regard est un peu triste. Elle sourit pourtant, à l'heure qui est si douce, à l'instant qui ne reviendra pas, à l'instant qu'elle veut retenir, au photographe ami, témoin d'un bonheur fragile mangé peu à peu par l'ombre du soir qui s'avance.

72
Retour à Luzarches

Je retourne souvent à Luzarches voir ma mère qui vit seule désormais dans notre grande maison. J'arrive par le train, dans cette petite gare de campagne. La maison est à l'autre bout du village, il me faut tout traverser en suivant la rue principale.

Le long des trottoirs, le long des maisons et des magasins, me reviennent les vitrines d'autrefois, les noms disparus, les visages des gens qui habitaient là, toute la vie du village de mon enfance. Les images de l'avant recouvrent celles d'aujourd'hui, en entraînent d'autres à leur suite. C'est dans l'enfance que je plonge quand je reviens à Luzarches, avec un goût de bonheur, de bonheur sauvage, qui parfois fait mal.

Je revois Monsieur Save, une verrue sur le nez, dans sa boutique de chaussures, avec le poêle au milieu, qui sentait le lino et le feutre des semelles de charentaises.

Je me souviens du bruit des pas sur le plancher blanchi de javel quand on entrait à la poste, du siège en bois où l'on s'asseyait pour attendre sa communication.

J'aimais la boutique de « Marinette », ses étagères remplies jusqu'au plafond de boîtes de cartons de toutes tailles, chez qui ma mère achetait les boutons, le fil et la laine à tricoter.

On allait parfois au « Petit Paris » acheter les culottes et les chaussettes. On mesurait la taille des chaussettes avec le poing fermé. C'était juste en face du café où des hommes bruyants s'appuyaient au comptoir.

J'ai encore en mémoire la fête foraine le premier dimanche de Juin, l'odeur des pétards et de la bière, et les gens qui criaient dans les auto-tamponneuses.

J'étais fière de savoir lire les énormes lettres noires et délavées « Du beau – Du bon – Dubonnet » sur la façade rose de la maison qui faisait l'angle avec la rue Saint Côme.

J'avais peur des grands garçons qui se bousculaient sur la balustrade du boulanger. On passait à l'écart. C'étaient des voyous.

Je me rappelle le bonheur soudain quand on nous envoyait chez Madame Allain chercher une glace pour le dessert.

Je sens encore l'odeur du petit bois de marronniers derrière le muret qui fermait la cour de l'école, où l'on allait jouer au mois de Juin, quand on avait enfin le droit d'amener les poupées.

Je n'ai pas oublié le regard admiratif de ma grand-mère quand elle écoutait le Général De Gaulle à la télévision, ni la musique d'« Histoires sans Paroles », ni la diction distinguée de Denise Glazer.

Je me souviens du jour où mes frères m'ont invitée à la cave : ils avaient déniché un vieux phonographe et m'ont fait écouter les yeux brillants leur découverte : « quand Margot dégrafait son corsage, pour donner la gougoutte à son chat… »

Toutes ces images me dansent dans la tête et me sautent dans le cœur. D'autres se précipitent, mais je suis arrivée. J'ouvre la grille, qui grince depuis toujours. Les roses, à cette saison inondent les murs, débordent sur la rue. Les cailloux, sous mes pas, ont ce bruit familier, unique pour moi. J'entre dans la maison, et tout s'éteint dans le silence.

73
La cage à lapins

Dimanche, fin d'après-midi. La nuit tombe sur les arbres humides, dénudés dans le brouillard. Ma mère dort là-haut, très affaiblie. Les murs, lourds d'histoire, se taisent. La lampe éclaire ce coin du salon où je suis assise, à l'angle de la fenêtre, dont les dernières lueurs éclairent les cadres remplis de photos d'enfants, les miens, ceux des autres. Soudain, le bruit de la porte d'entrée, qui s'ouvre et se referme. Mon frère est là, celui qui est né juste après moi, on est presque du même âge. Il est en tenue de cheval, à son habitude. Il entraîne derrière lui l'odeur du foin, de la paille fraîche, du cuir régulièrement entretenu qu'il ramène de l'écurie. Ses boucles frisées, au-dessus des oreilles, dépassent de son bonnet de laine enfoncé sur la tête. Comme à chaque fois, sa présence ramène la chaleur. Son regard me réjouit : bleu, rapide, vif mais doux, inquisiteur mais bienveillant. On échange des nouvelles, des nouvelles brèves car on se voit souvent. Tout en parlant avec lui, je le regarde marcher de long en large dans le salon, s'appuyer contre la cheminée, regarder les papiers éparpillés sur la table. Je repense à nous enfants. Une scène me revient : nous étions très petits, trois et quatre ans. Mon autre frère en était à l'âge du parc, les autres pas encore nés.

Nous étions deux. Nous jouions ensemble, et l'on se disputait, parfois, ou souvent, je ne sais pas. Cette fois-là, il m'a mordue, juste sous la gorge. Qu'avais-je fait ? Ma mémoire l'a occulté. J'ai hurlé et suis montée au premier, à la machine à coudre, sûre d'y trouver ma mère. J'avais les traces bleues de toutes ses dents sur ma peau. Ma mère, furieuse, est descendue, l'a pris violemment par le bras et l'a entraîné jusqu'au mur qui séparait le jardin de la scierie du voisin. Contre ce mur étaient adossées des cages à lapins, des cases de béton fermées par une grille, qui avaient servi à un élevage pendant la guerre. Et voilà ce petit garçon enfermé dans une des cages, puisqu'il mord comme un lapin !… J'étais ravie. Je me sentais soutenue et j'avais le dernier mot. Je ne me suis pas contentée de triompher, je me suis moquée de lui, et lui pleurait, criait, agrippé aux barreaux.

Quelques années plus tard, les cages ont été démolies. A leur place, on a planté des hortensias. On a gardé une des grilles pour en faire un barbecue. J'ai longtemps détesté cette grille, objet de mon remords.

74
Frère et sœur

Je l'ai revu dimanche. Cela faisait longtemps. Il est venu, lui aussi, passer la journée avec notre mère dans sa grande maison, notre grande maison devrais-je dire, celle qui nous a vus naître, qui a traversé avec nous, dans sa présence silencieuse, tous les événements, tous les cheminements qui nous ont conduits à ce jour.

Il est arrivé pendant que je préparais le repas de midi, souriant, tendu, ne tenant pas en place, comme d'habitude.

J'étais heureuse de le voir, lui aussi je crois. On s'est parlé comme on a pu, comme on a toujours fait, entre deux allées et venues. Il est allé voir notre mère, a réapprivoisé la maison, de pièce en pièce, le jardin, inspecté ce qu'il y aurait à faire, les travaux d'entretien, le rangement du garage, retrouvé les odeurs, l'enfance peut-être. Puis il est revenu vers moi, les questions, les siennes, les miennes, sur nos enfants, ce qu'est notre vie. Et moi, comme toujours, dans l'intérêt de ce qu'il vit, dans le souci de comprendre mieux ses engagements, son regard sur les questions qui nous animent, sur ses révoltes, ses combats. Mieux comprendre la source qui le fait vivre. Et lui, sa pudeur, son économie de mots, l'intérêt et en même temps l'esquive pour me rencontrer.

La manière dont il conduit sa vie m'interroge et me fascine, ses choix professionnels, son positionnement à l'égard du monde qui l'entoure, son regard passionné. J'aime sa force, sa fragilité, ses enthousiasmes, ses élans et ses fermetures soudaines. Parfois, cependant, la peur s'immisce en moi. Peur de sa violence, de ses défenses, du socle dur en arrière – fond de sa bonté. Peur de sa peur à lui, peur de ma peur à moi, du tremblement, du vacillement dans ma propre vie. Peur de mon avancée impossible.

75
Toussaint

Je suis retournée dans ma maison. Dans les feuilles d'automne et les asters en fleurs. L'herbe perlée des gouttes de la dernière pluie ne sèche pas dans le vent d'ouest. Les roses donnent encore le meilleur d'elles-mêmes et semblent ne pas souffrir de l'air froid, plein de soleil, qui les balance contre les briques du mur, encore tièdes à cette heure du jour.

Les deux petits qui m'accompagnent, sitôt descendus de voiture, montent en courant l'escalier retrouver les trésors qu'ils ont cachés au grenier lors des dernières vacances.

Je réapprivoise les coins du jardin, les pièces de la maison, et je remets en ordre ce qui est chaviré en moi. Je tente de remettre à sa place, loin derrière, tout ce qui surgit et envahit mes journées. Je compte sur la paix de ce lieu salutaire, que le passage rapide des nuages dans l'or du ciel, que le grondement énervé des vagues à l'ouest ne parviennent pas à rompre, pour réussir à me tenir d'aplomb, droite, en mouvement.

Les petits m'entraînent : la plage, le cerf-volant, le goûter, le bain, le dîner, les histoires du soir, et l'enchantement des matins devant les tartines. Oui, je vais savoir faire. Oui, je vais être là pour eux. Ils vont me combler le cœur.

Je vais tenter de repousser loin, très loin, le gouffre qui me tend les bras : l'autre maison vide, là-bas, déshabitée. Les objets et les meubles partagés dans le soupçon d'injustice, dans les blessures ouvertes qui ne guériront pas, dans le lien perdu. Je vais tenter d'éteindre ce qui me brûle le cœur : l'absence de celle qui, malgré tout, nous tenait ensemble, l'absence de ce qui a disparu, l'absence à moi-même, l'absence et son froid glacial.

76
Dimanche

Les arbres dénudés résistent comme ils peuvent au vent qui les frappe, comme s'ils avaient commis une faute. L'ombre, opaque, s'étend sur le jardin. Seules, quelques feuilles de lilas, encore dorées du soleil des jours précédents, s'accrochent aux rameaux noircis, jusqu'à ce que, épuisées, elles lâchent prise. En tourbillons violentés elles vont rejoindre les autres, déjà vaincues, à même le sol. Et la pluie, épaisse, se met à tomber. Elle coule sur les vitres froides, avec le bruit de l'eau claire du ruisseau qui rebondit sur les cailloux.

Je me sens hors de tout, comme une poule derrière son grillage. Le monde s'arrête à ce que j'en vois, désert, déchaîné, magnifique. Je pense à Hippolyte. Hippolyte a douze ans et trois poules qu'il a joliment appelées Ipoulite, Ampoule et Poulover. Dès qu'il rentre du collège, il se précipite dans la cuisine prendre la bassine remplie de bonnes choses qu'il va leur porter. Il ramasse leurs œufs, et les laisse à leur triste sort, dans leur enclos au fond du jardin, interdites de sortie. Elles auront eu au moins une visite dans la journée, et auront pu regarder les uns et les autres sauter sur le trampoline, étendre le linge, ranger le bois, tailler la bruyère. Elles ont cet avantage sur moi de ne pas penser à ce qui n'est pas là.

Moi, je revois l'été passé, les enfants faisant de la peinture avec la craie ramenée de la plage délayée dans l'eau de l'arrosoir : ils avaient repeint ma terrasse. Je pense au rouge-gorge apprivoisé qui ne revient plus, caché au fond de l'aubépine, aux moineaux sous l'avancée du toit guettant les miettes du matin. Surtout, je pense aux miens. Que font-ils à cette heure ? Encore dans leur lit ? Attardés devant le petit-déjeuner ? En pyjama sautant sur le canapé ? Au marché déjà ?

Ma maison est vide. Le vent tourne autour. Ma télévision ne marche plus. Ma voiture n'a plus de batterie… Mais il me reste la lumière dehors, France Culture et quelques réflexions qui me viennent aux propos que j'écoute, le livre commencé hier soir. Je m'en contente, goûtant de me sentir respirer, d'être là, de me savoir ancrée avec d'autres, même loin, d'attendre le soleil qui reviendra, tout à l'heure illuminer le jardin mouillé.

77
Le banc au soleil

Antoine a quatre ans. Antoine est mon petit-fils. Je vais le chercher à la sortie de l'école. Nous allons au parc à jeux, au bois, le temps de goûter, de jouer, de se promener. Parfois, nous passons par la boulangerie acheter des chouquettes.

Ce jour-là, nous nous sommes assis sur un banc près de l'église, au soleil, le temps de les dévorer. Antoine s'est régalé en silence. La bouche encore pleine, il s'est assis tout à coup sur mes genoux et, plantant ses yeux bruns, humides, lumineux, volontaires dans les miens, il m'a pris le visage entre ses mains collantes, couvertes de cristaux de sucre, pour me dire : « je t'aime plus loin que les étoiles, plus loin que les planètes ! ». Tout son être était dans ses paroles : ses mains chaudes sur mes joues, sa respiration rapide, son regard tendre, inquiet que j'entende bien ce qu'il me disait, inquiet que je sois bien là, pas partie dans d'autres lieux de ma pensée. La chaleur m'a envahie jusqu'au cœur, les larmes au bord des yeux, les sanglots étouffés, et mes bras serrés autour de lui. Je n'étais plus sa grand-mère, mais l'enfant que j'étais à son âge. J'ai plongé d'un coup dans toutes ces années en arrière. Il prenait soin de moi, de l'enfant que j'étais alors, de la petite fille solitaire au milieu des autres, celle qui devait grandir, n'avoir besoin de personne. Sa tête appuyée contre moi, ses boucles brunes contre ma bouche me soignaient la peau, le cœur.

Comment, à l'âge de soixante-huit ans, n'étais-je pas guérie du manque ? Le manque, avec les années, je l'avais oublié. J'avais oublié l'absence. L'absence près de moi. L'absence quand je montais me coucher, l'absence à l'heure du bain le soir, à l'heure des habits le matin, l'absence avant l'école, l'absence dans le jardin où nous étions censés jouer, en sécurité bien sûr, mais enfermés dans la solitude, même si nous étions plusieurs. La peau, les cheveux jamais caressés. La machine à coudre toujours préférée. Les genoux, la chaleur des bras, interdits. Tout cela m'est revenu par vagues, et ce petit me réchauffait, me consolait, si longtemps après.

Je n'ai pas manqué de tendresse : un homme, plusieurs hommes, m'ont aimée, intensément. Mes enfants ont fait de moi une mère aimante, rassasiée de leurs baisers, de leurs câlins, de leurs abandons. J'ai vécu toutes ces années remplie de leur bonheur, du mien, sans revenir au manque de ma mère. Je vivais une autre vie, une vie qui était mienne, une vie loin de l'enfance. J'avais oublié.

Et voilà Antoine, et ce banc au soleil, ses mains chaudes sur moi, son cœur débordant, ses yeux pleins de lumière contenant le monde, le monde vivant, le monde qui venait à ma rencontre, le monde qui me portait.

78
Dernier jour à Luzarches

Le ciel orange de l'aube éclaire le jardin déshabité. J'ouvre le portail aux débarrasseurs de grenier qui viennent pour leur dernier voyage. Tout ce qui reste va partir en deux heures.

Et puis la maison est vide, entièrement. Sur les murs et les parquets il n'y a plus que les stigmates de soixante-dix ans de vie. Le silence est absolu. J'entreprends un ménage que je voudrais rapide du grenier jusqu'à la cuisine. Je pense d'abord à la nouvelle famille qui va vivre son histoire ici, aux jeux, aux rires, aux disputes que les murs vont à nouveau accueillir.

A mesure que je nettoie les pièces, cependant, ce sont les disputes et les rires de nous tous qui prennent le dessus, les visages des petits, ceux des grands, et ceux des quatre générations ensemble.

Je revois ces dimanches, pas si lointains, où nous, devenus les parents, venions passer la journée avec notre mère. Je nous regarde, là, dans cette cuisine.

Nous avons tous entre 50 et 60 ans. Nos enfants sont loin et occupent leurs dimanches ailleurs. Finie l'époque où ils venaient avec nous chaque weekend, fini le repas en deux temps : celui des petits, puis celui des grands, pendant que les petits, eux, font leur « réunion d'escalier » pour décider du jeu et distribuer les rôles.

Ces jours-là, il reste les grands. Les grands presque vieux que nous sommes. Mais rien n'a changé, du moins, pas grand-chose. Certes, désormais c'est nous les filles qui faisons la cuisine. Notre mère tournicote dans nos jambes. Elle n'arrive plus à nous prendre couteaux et casseroles des mains, mais elle dicte toujours les consignes. Nous nous taisons, laissons dire un petit moment, puis l'une de nous explose. Les garçons calment le jeu. Ils ont attaqué la baguette et le pot de rillettes, une bouteille de bière à la main. C'est le moyen pour eux d'attendre et surtout de rester là. Tout le monde a faim. Les repas sont toujours prêts trop tard. Chacun est gai, sur les nerfs, au bord du mot qui fait rire, au bord du mot en trop, au bord de la réplique cinglante. C'est notre manière d'être ensemble.

Tout le monde s'assied, à sa place. A la place que, petit, il avait sur les bancs de la table de cuisine. Notre mère a le dos au mur, sur son tabouret habituel, face au jardin.

Je lave le carrelage rouge, et je repense à toutes ces conversations animées autour de la table, dans cette cuisine qui, bizarrement, pour la première fois, m'apparaît petite alors même que tous les meubles sont partis.

Le silence m'étouffe, pas un oiseau dehors. La serpillère seule, traînée sur le sol, me ramène à aujourd'hui. C'est la dernière pièce. Je ne remonterai pas dans les étages, je laisserai dans la chambre écossaise de mes frères nos discussions d'adolescents, la chambre orange de mes sœurs, leurs jouets jamais rangés, la mienne à côté, toute petite et pleine de soleil, où je me réfugiais quand je ne trouvais plus ma place en bas. Je ne reverrai plus la grande salle de bains, la baignoire immense pleine d'enfants à l'eau noire des jeux du jardin, le bureau dont notre mère ne sortait plus les derniers mois, aux murs couverts des photos de nous tous, à tous les âges. Je ne retournerai plus non plus dans sa chambre grise et rose, avec ce balcon qu'elle aimait tant où je guettais le retour des vaches quand approchait l'heure du lait.

Je traverse en bas la salle à manger, ses boiseries sombres, le salon, son odeur de feu de bois, et l'entrée, l'escalier où chacun croise chacun, en montant, en descendant, en criant, en jouant, en dévalant sur la rampe. La porte d'entrée qui grince en même temps que nos appels dès que l'on arrive.

Le silence n'efface rien de tout cela.

Voilà que tout est fini. Je tourne la clé dans la serrure. Je traverse le jardin immobile, qui se tait à mon passage. Je referme la grille et m'en retourne chez mon frère, le cœur plein de nous tous.

Achevé d'imprimer chez SoBook le 05-10-2021

Linselles - France

N° impression : 726 930